铁路岗位过冬防寒培训教材

客运(列车)分册

崔胜利　主编
杨　涛　李　佼　主审

中国铁道出版社
2013年·北　京

内容简介

本教材为《铁路岗位过冬防寒培训教材》系列教材之一。本教材包括综合知识、专业知识和技能、规章制度、事故案例四个部分，共分为九章，主要内容有：冬春运概述、客运服务基本要求、安全常识、旅客列车安全管理、动车组列车安全、冬季旅客列车作业、非正常情况的应急处置、冬春运相关规章制度和事故案例分析。

本教材可供客运乘务人员防寒过冬培训学习使用，也可供其他相关业务人员学习参考。

图书在版编目(CIP)数据

铁路岗位过冬防寒培训教材. 客运(列车)分册/崔胜利主编. —北京：中国铁道出版社，2013. 10

ISBN 978-7-113-17523-8

Ⅰ. ①铁… Ⅱ. ①崔… Ⅲ. ①铁路运输—防寒—岗位培训—教材 ②铁路运输—旅客运输—防寒—岗位培训—教材 Ⅳ. ①U298 ②U293

中国版本图书馆 CIP 数据核字(2013)第 250457 号

书　　名： 铁路岗位过冬防寒培训教材 **客运(列车)分册**
作　　者： 崔胜利　主编

策　　划： 熊安春　聂宏伟
责任编辑： 薛丽娜　　**编辑部电话：** (010)51873055
封面设计： 郑春鹏
责任校对： 孙　玫
责任印制： 陆　宁

出版发行： 中国铁道出版社(100054，北京市西城区右安门西街 8 号)
网　　址： http://www.tdpress.com
印　　刷： 三河市华丰印刷厂
版　　次： 2013 年 10 月第 1 版　2013 年 10 月第 1 次印刷
开　　本： 880 mm×1 230 mm　1/32　印张：7.125　字数：191 千
书　　号： ISBN 978-7-113-17523-8
定　　价： 28.00 元(附光盘)

《铁路岗位过冬防寒培训教材》
编 委 会

前　言

安全是铁路的永恒主题。确保冬季人身和行车安全，历来是铁路企业一项重要的基础工作。随着铁路运输的快速发展，大量新技术、新工艺、新设备、新材料的广泛应用，铁路的科技水平和管理水平发生了很大变化。特别是我国北方地区，由于冬季气候影响，对铁路运输安全管理，对职工技术业务培训，都带来许多新特点、新变化、新要求，为了提高职工技术业务素质，满足过冬防寒培训需要，我们组织工程技术人员编写了这套《铁路岗位过冬防寒培训教材》。

本套教材共分14册，分别为车务分册、客运(车站)分册、客运(列车)分册、货运分册、机务分册、工务(普速)分册、工务(高速)分册、信号分册、通信分册、供电分册、车辆(客车)分册、车辆(货车)分册、车辆(动车)分册、房建分册。教材根据现行规章制度、设备使用情况和北方冬季季节特点，结合各岗位作业标准和过冬防寒培训需要编写。内容主要包括综合知识、专业知识、规章制度、事故案例四大部分，每章后附有复习思考题。教材的特点是突出北方冬季作业要求，突出专业技能知识，突出新职工培训重点。本套教材形式新颖，结构简明，适于自学，具有较强的针对性、实用性，可供铁路干部、职工过冬防寒培训之用，尤其适用于新职工培训，也可作为日常学习、安全培训参考用书。由于铁路规章更新较快，如遇教材中引用规章与现行规章不一致时，应以现行规章为准。每个分册力求结合岗位作业和现场实际，对冬季铁路运输生产安全、作业标准和作业要求、安全管理等进行了系统论述，由浅入深，通俗易懂。特别是结合近年来发生在冬季的事故案例，运用大量鲜活素材，警示教育读者，使大家进一步在思想上打牢“安全第一”的烙印。

本套教材由沈阳铁路局教材编审委员会组织各有关专家编写，在编写过程中得到各业务处、部分站段的大力支持。本册教材由崔胜利担任主编，张景鑫、范先云、张大伟参加编写，沈阳铁路局客运处杨涛、李佼担任主审。教材还另附有杨靖编辑制作的《旅客列车燃煤锅炉焚火知识》教学片和学习课件，供焚火培训时使用。编写人员在时间紧、任务重的情况下，深入运输一线调查研究、收集资料，得到锦州客运段张立新，吉林客运段郭春龙，沈阳客运段张雁、周玲和大连客运段孙巍巍的大力支持，在此表示感谢。特别感谢中国铁道出版社，为本套教材出版发行所做的大量工作。

教材难免有不当之处，恳请广大读者提出宝贵意见。

沈阳铁路局教材编审委员会

二〇一三年九月

目　　录

第一篇　综合知识

第二篇　专业知识和技能

第四篇　事故案例

第一篇　综合知识

第一章　冬春运概述

第一节　铁路冬春运概况和特点

铁路是国民经济大动脉，铁路运输能否畅通无阻，安全正点，直接影响着国民经济的发展。冬季，由于气温较低，环境恶劣，季节性故障多发，既影响着运输质量，也威胁着运输生产的安全。为此，铁路过冬防寒工作显得尤为重要。

北方地区防寒期一般为每年的11月15日起至次年的3月15日止，由于地区差别，各地区可根据当地气温情况适当提前或缩短。铁路过冬防寒工作，主要是对铁路职工在冬期作业的人身安全检查和对设备设施的防寒检查和整备，以消除人员不安全行为和设备安全隐患。我们要充分认识到铁路冬季运输的特点，掌握冬期作业的规律，从思想、物资、组织、技术等各方面做好充分的准备，克服困难，确保冬季运输畅通无阻，安全正点。

春运是中国在农历春节前后集中大规模运送旅客出行的现象。春运以春节为中心，节前15天，节后25天，共计40天，由国家统一发布。春运贯穿在冬运过程中，进一步加大了冬季运输的难度。铁路冬春运期间，旅客运输客流相对较大，期间较长，乘务工作难度增大，客运乘务人员需要具备较强的责任心，丰富的客运知识，娴熟的业务技能做基础，才能保证冬春运期间旅客安全，乘车方便，服务热情周到，达到旅客的出行满意。

一、冬季运输的季节特点

(一)天气及气候基本特点

1. 时间长、环境苦

北方地区每年从 11 月起即陆续进入冬季,直至次年 3 月份,长达 4～5 个月时间,局部地区冬季时间更长,可达 6 个月。冬季气候变化多样,风、雪、雾、霜等天气频繁发生,隆冬季节更是寒冷、干燥、寒风刺骨。古代曾将东北地区称为“绝域”,足见环境之严酷。

2. 风雪大、霜雾多

随着全球气候的变化,近几年极端天气增多,恶劣程度加剧,特别是东北地区在冬季寒流多、降雪多、雪量大,有时甚至形成灾害性的天气。2007 年 3 月份,东北遭遇了罕见的特大暴雪,大部分地区降雪量达 50 cm,个别铁路地段积雪深度达到 4.5 m。2008 年 1 月中旬,我国南方大部分地区遭遇了百年不遇的冻雪灾害。暴风雪造成多处铁路、公路、民航交通中断,由于正逢春运高峰期,南北铁路大动脉梗阻,致使大量旅客滞留、南方电煤严重短缺。图 1-1 为 2008 年南方冻雪灾害时接触网结冰,造成电力机车全部受困。

图 1-1　南方冰雪灾害时的接触网冰凌现象

【背景资料一】沈阳铁路局西部铁路地处内蒙古草原腹地，与储量丰富、产量很大的产煤区相连接，是一条非常重要的煤炭运输通道，关系到关内外80多家电厂用煤、几十个城市居民供暖用电，也关系到沈阳铁路局全体职工的切身利益。每年入冬，西部铁路都要遭受多起暴风雪袭击。仅2012年冬季，西部铁路就遭受29场暴风雪袭击，“白毛风”更是多到无法统计，持续低温笼罩西部地区，最低温度达到−40 ℃。西部铁路霍白、珠珠、乌尼线20个车站、30多个区段多次被厚厚的积雪掩埋。雪情就是命令。沈阳铁路局干部职工发扬不畏严寒、不怕疲劳的精神，连续奋战在高寒低温的雪灾前线，90%以上的参战干部职工都有不同程度的冻伤，但没有一个人因伤离开现场，没有一人提出离开西部要求，用血肉之躯与“白毛风”搏斗、与大风雪搏斗，全力确保了西部铁路煤运大通道的畅通。图1-2为2012年沈阳铁路局西部铁路遭受暴风雪的图片。

3. 气温低、温差大

冬季北方大部分地区在极地大陆气团控制下，靠近冬季风源地，因此整个地区气温很低，气候严寒。2010—2012年连续三年遭遇“冷冬”，特别是在每年的1月份进入隆冬季节后，最低气温普遍降至−30 ℃～−20 ℃，个别地区甚至低于−40 ℃；昼夜温差大也是冬季较明显的特征，平均温差在10 ℃以上。进入冬季，随着气温降低，受热胀冷缩现象影响，钢轨容易出现折断，机车车辆部件也容易出现折损、冻结现象，检查发现不及时将严重影响行车安全。

4. 昼间短、夜间长

昼短夜长是地球北半部冬季的自然特征，处于高纬度的东北地区，冬季夜间基本在13.5 h左右，冬至前后夜间最长时间达到14.5 h。夜间作业由于光线弱、视线差，给组织旅客上下车带来不便。冬季昼短夜长，容易引发作业人员担当夜班工作时间长，体力消耗较大，作业中容易困乏，出现打盹、溜号等现象，构成安全隐患。因此要求职工要适应这种特定天气和作业状态，做好预想，工作中要细心、细致，防患于未然。

(a) (b) (c)

图 1-2　2012 年沈阳铁路局西部铁路遭受暴风雪

(二)冬季节假日特点

1. 节假日集中

在整个冬季期间节日、假日比较集中,不但有我们民族传统节日(元旦、小年、春节、元宵节、妇女节)、法定假日,很多外国节日(平安夜、圣诞节、情人节)也逐渐进入了我们的生活,这一期间,旅客返乡过节、探亲访友,造成客流集中,组织旅客候车和上车困难。

2. 假期时间长

冬季中圣诞、元旦、春节等节假日假期集中,也是百姓特别重视的传统节日,特别是春节期间,职工集中探亲、休假,在此期间,职工思想比较活跃,身心比较疲劳。

（三）室外环境主要特点

1. 设备易发故障

冬季天气寒冷，各种运输设备易发生故障，如客车车门冻结、广播突然中断、无线对讲设备低温下电池消耗过快、车站客车给水设备故障等。

2. 作业场所易积冰积雪

冬季频繁降雪会使车站、站台、旅客通道、客运列车等处产生积雪，影响作业人员和旅客走行。每年的初冬、初春季节经常出现“昼化夜冻”现象，作业环境随时变化，给运输生产工作造成极大的不便。

二、冬季运输的人员特点

1. 职工普遍存在畏寒心理

在寒冷的冬季，作业人员怕冷、畏寒情绪比较明显，特别是绿皮车作业条件艰苦，旅客成分复杂，设备条件差，下雪天要随时清扫通过台处的积冰积雪，还要焚烧锅炉保证车厢内的温度，往往因为工作不到位，经常受到批评、责难甚至旅客投诉，致使部分乘务人员畏惧乘务，即使坚持工作，也没有一个好的心情、好的心态，所以部分职工存在畏寒心理。因为惧怕过冬，作业人员往往简化作业过程，晚出场、早退场和偷懒的情况时有发生。所以进行抗风雪、战严寒的思想教育是十分必要的。列车长要做好职工的思想政治工作，经常与职工沟通、交流，做职工的贴心朋友。

2. 穿着多，行动不灵活

冬期作业人员为了保暖，要穿上棉衣、棉裤、棉鞋，戴上棉帽、棉手套等，造成行动不便，反应相对迟缓，显得笨手笨脚。加上室外结霜、积雪、积冰，又给作业人员在作业中增加了困难。对于客运系统，绿皮列车的乘务人员的年龄偏大，特别是在人员安置上单位会考虑到乘务人员的身体素质问题，安排到短慢线乘务，所以在作业上行动会比较迟缓，尤其是男性乘务员退休年龄高，身体疾病多，冬运期间从事的工作量加大，给乘务工作带来了一定的困难。因此在冬季运输中，应及早出场,在组织旅客上下车时,抓稳扶手,小心上下,早字当头,安全第一。

3. 适应冬期作业过程慢

冬季运输时,增加了锅炉焚火这一重要工作,同时安全关键点也会增多,但是乘务员由日常运输转为冬季运输,需要一个适应过程,所以在落实作业标准上和具体的作业过程中,会发生遗漏作业、降低标准等问题,要求列车长要首先进入角色,起到带头作用,抓好锅炉焚火,做好各项工作督促检查,调动职工的工作积极性。

4. 职工病、事假多

由于气温变化频繁、工作任务重、劳动强度大,人员易生病,特别是体质较弱人员更容易生病;还有些职工由于畏寒或身心疲劳,也存在请假休息来调整身心状态的情况;同时在冬运期间节假日多,家务事也会相应增多,往往会出现请假集中问题。所以这个时期职工的病事假往往高于其他季节,列车乘务缺员的问题比较突出,直接导致其他职工乘务工作劳动强度增大。因此,细致地做好思想政治工作,解决职工的具体生活困难,是保证冬运生产安全的重要环节。

【冬季防冻和急救小常识】

人体在低温环境中,如果缺乏必要的防寒措施,体温调节出现障碍,就可能导致冻伤。最常见的是局部冻伤,又叫冻疮,多发生在手指、足趾、手背、足跟、耳廓、鼻尖、面颊部等处。这些部位都在身体的末端或经常暴露在外,易受寒冷的伤害。

冻伤分为三度。一度冻伤表现为皮肤苍白、麻木,进而皮肤充血、水肿、发痒和疼痛。二度冻伤除皮肤红肿外,还会出现大小不等的水疱,疼痛较重。三度冻伤则导致局部皮肤或肢体坏死,出现血性水疱,皮肤呈紫褐色,局部感觉消失。

对局部冻伤的急救要领是一点一点、慢慢地用与体温接近的温水浸泡患部使之升温。急救时,若一时无法获得温水,可将冻伤部位置于救护者怀中或腋下复温。然后用干净纱布包裹患部,并去医院治疗。颜面冻伤时,应用上述同样温度的水浸毛巾做持续湿敷,用两条毛巾不断更换。

影视中常出现救治者用雪在冻伤患者的身体上摩擦的镜头，其实，这样做是错误的。发生严重冻伤时，既不能用雪摩擦，也不能用毛巾用力按摩，否则会使伤口糜烂，且不易愈合。另外，千万不能用热水浸泡或靠近热源烘烤，因为这样最有可能会加重组织损伤和坏死。

发现被冻僵的患者，应提醒他不要睡着，并尽快用大衣、棉被等物品包裹并送到温暖的地点，让患者服用姜汤等热的饮料进行恢复。如果伤者没有呼吸，应首先进行人工呼吸，然后再进行恢复体温的抢救。对于已经复温的患者，不能再用温热水浸泡，否则会加重组织损伤和坏死。

要预防冻伤，除保暖和增强耐寒能力外，可用茄子秸或辣椒秸煮水，洗容易冻伤的部位，或用生姜涂擦局部皮肤。

三、铁路春运的特点及基本要求

（一）春运概况

“春运”被誉为人类历史上规模最大的、周期性的人类大迁徙。春运期间，商务流、旅游流、学生流、探亲流、民工流交织，大流量、长时间、不均衡的客流高峰冲击使得节前、节后铁路春运工作均面临极大考验。在40天左右的时间里，有30多亿人次的人口流动，相当于全国人民进行了两次大迁移。中国春运入选世界纪录协会世界上最大的周期性运输高峰，创造了多项世界之最、中国之最。

春运的产生主要来自中国人的传统观念及社会人力大量流动的情况。在中国，春节是一年中最重要的节日，是一年的开始，无论离家人有多远，一般人都要尽量在除夕时与家人团聚，共度新春。自改革开放以来，中国政府开始鼓励自主就业，并且人员的流动的限制也开始放宽。因此有非常多的人从经济欠发达的地区到经济较发达地区就业，造成了人力的大量流动。这些离开家去外地就业的人员在春节前后集中返乡过年，即成为春运的主要人群。此外，这段时间是高等院校放寒假时期，多数学校在春节前两到三周开始放假，在正月十五左右开学，因此在外地就读的学生返家也构成了春运运输的另一主要人群。同时，春节期间也是一年中的几个长假之一，部分人会选择在春节中间的时间旅游。运输旅游人群虽然跟春运高峰时间不同，但也加重了运输系统的压力。据交通运输部统计，2012 年全国春运客运量首次突破 31 亿人次，比上一年增长两亿多人次。2013 年春运，全国道路、水路、民航、铁路运送旅客总量超过了 34 亿人次(图 1-3)。表 1-1 为近年来春运发送旅客数量。

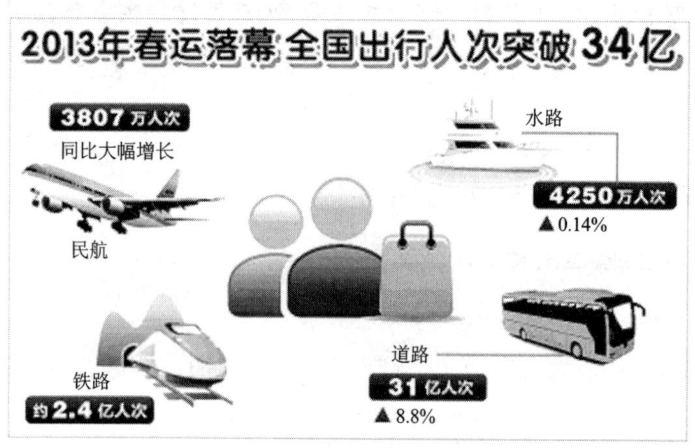

图 1-3　2013 年春运全国旅客发送情况

表 1-1　近年来铁路春运发送旅客数量一览表

年　份	春运发送旅客(为期 40 天)	年　份	春运发送旅客(为期 40 天)
2006 年	1.44 亿人次	2010 年	2.1 亿人次
2007 年	1.55 亿人次	2011 年	2.21 亿人次
2008 年	1.79 亿人次	2012 年	2.35 亿人次
2009 年	1.88 亿人次	2013 年	2.4 亿人次

(二)铁路春运的特点

1. 客流来势猛

铁路具有相对价格优势，是春节期间人们出行的首选。春运期间旅客出行方向、流量不均，会出现单一方向、同一时段内客流量的爆发式增长。由于各种客流的高度叠加，在短期内就会出现形成快、势头猛、持续久的客流高峰。

2. 高峰时间长

在春运 40 天的时间里，春节前的三四天以及节后第 4 天后和第 15 天左右是客流高峰期，时间集中、规律性强的特征十分明显。节前学生流、务工流、探亲流、旅游流叠加，客流高峰来得早、持续时间长，几乎天天是客流高峰。节后，前期务工流会与探亲流、旅游流叠加，后期务工流会与学生流叠加，形成多个客流高峰。

3. 工作难度高

尽管铁路在春运期间大量开行临客，但铁路整体运能仍然满足不了社会需求，以能力定运量的基本格局没有改变，春运期间旅客“买票难”、“坐车难”的问题仍然十分突出，致使旅客带有不满情绪上车。春运期间开行的临客的设备条件一般，旅客候车、乘车的环境和旅客的期望有一定的差距。

为努力实现“确保安全、满足重点、平稳有序、服务良好”的春运目标，对春运列车乘务员提出了较高要求。

(三)铁路春运的基本要求

1. 树立高度责任心

要把提升服务质量作为春运工作的重要目标，必须最大限度地维护广大旅客的根本利益，有对旅客生命财产高度负责的精神，克服困难，全力为旅客提供细致、真诚、良好的服务。

2. 掌握岗位业务技能

要精通本职业务，练好岗位基本功，熟练掌握劳动安全、行车安全、设备操作、消防知识、服务规范、客运业务、作业纪律、路风建设、卫生防疫、应急处理等各项知识技能，坚持“一心一意为旅客服务，一举一动对旅客负责，一言一行让旅客满意”，切实把和谐春运的理念落实在具体行动中，为广大旅客提供安全、优质、便捷的服务，展示当代铁路职工良好的思想品质和综合素质。

3. 满足旅客基本出行需要

把人民群众满意作为衡量春运工作的根本标准,积极从旅客角度去发现列车服务中的问题,尽力满足旅客的出行需求,组织旅客安全上车,提供开水和饮食供应,保持车厢和厕所卫生,尽力让旅客有一个愉快、温馨的旅程,不断提高服务质量。

【背景资料二】新闻报道——探访辽宁开往漠河的列车(摘自2010年1月18日《辽宁日报》)

2009年4月,沈阳铁路局开行了营口至漠河旅客列车。寒冬里,这是一段很有挑战性的旅程。每天中午12:12,从辽宁省重要的港口城市营口,都会准时驶出一列绿皮火车,它一路向北,奔往祖国的最北端——漠河县。这列营口—漠河县2667/8次旅客列车,是沈阳铁路局开行到大兴安岭高寒地区的第一对旅客列车。

漠河素有中国"北极"之称。据了解,近日漠河的最低气温已经超过-40 ℃,历史上该地区有过-50 ℃的最低气温纪录。绿皮火车如何能够抵御高寒?这列连接辽宁省港口城市与我国最北口岸的火车主要为哪些乘客服务?2010年1月16日记者登上这列火车(图1-4),亲身感受它不同寻常的旅程。

(a)

(b)

图1-4 营口—漠河县旅客列车

2010年1月16日上午9:40,从黑龙江省漠河县始发的2668次旅客列车到达了终点站营口。列车行程1 922 km,途经沈阳、长春、齐齐哈尔、加格达奇等50多个车站。这列火车一路穿越莽莽林海,无垠雪地，跨越黑龙江、吉林、内蒙古自治区和辽宁，整整运行了35小时50分钟。

在营口火车站，列车长尹艳峰接受了记者的采访。“我们是前天晚上9:50从漠河出发的，那天漠河的最低气温达到了－45 ℃。”

漠河的冷是全国闻名的，它位于黑龙江省西北部，大兴安岭的北麓，素有中国“北极”之称。在漠河，最低气温在－50 ℃并非稀罕事。

这是一种怎样的寒冷呢？“漠河的当地人说，今年冬天确实比往年更冷。这样的天气，在漠河站车厢门口等候旅客上车时，穿两件棉衣还是不顶事，一会儿工夫就被冷风打透了。”尹艳峰指了指棉大衣外套，“我们出乘时每个人都带两身棉衣，常常要两套棉衣套起来穿。”

“以前值乘的是广东、上海等方向的列车，那时是越走越暖和，现在正相反，是越走越寒冷了。”2009年4月份，当尹艳峰首次值乘这趟列车的时候，辽宁已经春暖花开，可漠河直到5月份，道路两旁的树林里还满是积雪。

当然，除了寒冷外，漠河这个祖国最北端的小城，还给尹艳峰和乘务员们留下了另一个深刻的印象，那就是优美的环境，“漠河的天非常蓝，空气也特别的清新。”

营口与漠河两地温差很大，因此如何在列车上进行防寒就成了一项重要工作。沈阳铁路局沈阳客运段专为这趟列车的每个乘务员配备了一顶加厚的棉帽，两副棉手套和一双皮毛一体的棉鞋。

为了防止乘务员被冻伤，沈阳铁路局沈阳客运段还特别规定，列车到达漠河后乘务员不可随便出站，要留在车厢内做返程的准备工作。列车在漠河停留1小时30分钟左右后，便从漠河返回营口了。

记者2010年1月16日在2668次列车上采访时看到，这列火车的车窗上还留有厚厚的冰花，车厢连接处的墙体上也挂满了霜花。

这趟旅客列车是相对老旧的绿皮车，冬季的低温严寒给它带来了很大的挑战。“为了让旅客有个温暖的旅程，我们这趟列车从2009年9月20日就进入了区段取暖期，取暖期将一直持续到2010年5月份，比普通列车要长将近3个月。”列车长尹艳峰向记者介绍说。

记者见到，在列车每节车厢的端门上都悬挂着厚厚的棉门帘，这在其他火车上可是很罕见！一名乘客笑着评论说："火车挂门帘，有种回家的感觉。""可别小看了这棉门帘，保暖防寒它有大作用。"尹艳峰说，"挂与不挂这道厚棉帘，车厢内会有5 ℃的温差。"

想尽一切办法避寒保暖，沈阳铁路局沈阳客运段在选煤上也下了一番工夫。他们采用的是热值很高的鸡西煤，保证锅炉温度。

在车内，保暖招法随处可见：容易透风的厕所、洗面池、地漏等处都加盖上了堵风，翻板上放置了防风垫，车内所有的通风口用不干胶粘牢，车窗也加上防寒压条。此外，车上还备有加长、加厚的卧具和热水袋，以满足旅客的需求。

火车从哈尔滨站往北进入东北高寒地区后，－30 ℃的寒冷天气使厕所、洗面池、地漏流出的水迅速变成了冰柱。每到停车站，乘务人员都要拿着铁钎子及时清理积冰。

列车长尹艳峰讲了这样一件事：

2009年12月15日，一场大雪使漠河当地的气温降到了－40 ℃。19:59，2667次列车从育英站正点开出，第9乘务组1车乘务员崔迪习惯性地摸了摸锅炉的回水管，不热，再看看炉温，快到90 ℃了，经验丰富的他立刻意识到循环系统出了问题。他马上用手摇水泵进行强制循环。凛冽的寒风裹挟着雪花从列车连接处的缝隙中钻进来，一会儿工夫他就变成了"雪人"，但他坚持在岗位上两个多小时，直到回水管的温度恢复了正常。

对这趟列车的乘务员们来说，烧锅炉是最重要、也是工作量最大的一项工作。一锹锹取煤，把煤一锹锹送进炉膛里，再一点点将炉灰水浸后装袋，投放到指定地点。一路下来，乘务员们忙得不亦乐乎(图1-5)。

在2667次列车13号车厢，记者看到女乘务员安娜正在辛苦地做着这些工作。她也是记者当天见到的这趟列车上唯一的女乘务员。"天太冷了，车上的锅炉必须烧到循环90 ℃以上，车厢内的温度才能达到18 ℃以上。为此，十几分钟就得加一次煤，少添、勤添煤，煤才会充分燃烧。”安娜说。

图 1-5　列车上的锅炉每隔十几分钟就要添加一次煤

其实，在开车前，她的工作就已经开始了，检查锅炉设备的焚火情况，查看锅炉是否缺水，炉温是否正常等等。

安娜在铁路部门工作了 13 年，以前在空调车上服务，去年开始值乘这条线路，“在这列火车上，我们得想尽各种办法来保暖，让乘客感到舒心、温暖。”

第二节　冬春运准备工作

冬春运的特点，给铁路运输带来了不同于其他季节的不利因素，增加了难度。客运部门首先要充分认识冬期作业安全的特点和冬春运的难度及不利因素，摸清规律，结合本单位实际情况，认真做好超前预想、超前防范工作，及时制定冬春运各项保障措施，未雨绸缪，确保冬季安全生产。

一、思想准备工作

1. 做好宣传教育

各单位的党、政、工、团各级组织要高度重视，采取形式多样的宣传教育活动，大张旗鼓地向干部职工宣传面临的形势、任务，在思想上提高对冬运工作的认识,克服“冬运难过、年年过”麻痹意识,营造全员“过硬冬、保冬运”的良好氛围。通过集中宣讲、案例教育、图册画板、课件录像等方式,让广大干部职工清楚冬春运工作的重要性,清楚冬期作业的相关要求和危险性,克服麻痹思想,坚定战胜风雪严寒、出色完成冬春运各项生产任务的决心。

2. 克服麻痹意识

牢固的安全意识是运输安全的重要前提和保证,意识的自觉性和能动性,具有改变客观现实的作用,是形成安全动机和行为的先决条件。增强个人的安全意识可确保安全自控,增强群体意识可以实现安全互控和联控。因此,冬春运前,各单位应对职工进行人身安全教育培训、过冬防寒技能培训,组织学习安全规章及有关作业标准。要克服乘务工作无大事、标准低、走过场、冬季安全关键点把握不牢等可能出现的安全隐患和服务质量问题。

3. 坚定必胜信心

冬运时,要鼓励乘务人员:没有战胜不了的困难,只要我们共同努力就一定能够克服冬季运输的种种困难,圆满地完成每一项工作。能为千千万万来自五湖四海的旅客服务,看到旅客们满怀快乐踏上我们的列车,充满欢笑地离开铁路车站,我们应该感到无限幸福和欣慰。为旅客提供优质的服务,把自己的快乐送给别人,那是最幸福的事。大家一条心,一个共同的目标——必须打胜冬运这一仗!我们不怕冬季的寒冷,我们用我们的真心把冬雪融化,带给旅客们温暖。坚定必胜的信心,就会交给领导、旅客一份满意的答卷。

二、组织准备工作

冬春运前,各单位要建立必要的过冬防寒领导组织,加强对防寒过冬工作的领导,做到“人员责任、包保措施、作业管理”三落实,发现问题及时处理,保证冬春运工作顺利落实。

1. 加强组织领导

各单位要成立冬春运工作领导小组,制定冬春运工作安排,加强对冬春运工作的组织领导，建立分工包保责任制，确保各项工作要求落在实处。

2. 做好责任分工

为做好过冬防寒工作，各单位要做到两个明确，一是明确各部门在冬季运输中的管理职责，如劳动安全部门、劳动人事部门、乘务组织部门、职教部门、计财部门、后勤保障部门等，都要各负其责；二是要明确各级管理人员的管理职责，如各级领导干部、科室干部、车间干部、班组长、作业人员等，都要落实包保责任，发挥本职作用，融入过冬防寒工作中。要逐级建立过冬防寒应急预案，做到有措施、明责任、到人头，确保在遇有非常天气和运输出现非常状况时，能立即响应，采取有效措施予以应对，确保旅客运输安全、行车畅通无阻。

3. 开展竞赛活动

开展好冬运期间的“劳动竞赛”、“立功竞赛”活动，是确保冬运各项工作全面落实的有效方法，通过开展活动既能鼓舞干部职工士气，也能够充分调动干部职工积极性，有利于促进班组整体合力发挥和作业质量提高。

三、物资准备工作

1. 防寒设备准备

每年冬季，对列车设备设施要进行防寒过冬检查、整修，保证设备设施作用完好。绿皮列车要对车窗进行密封、安装水晶板等，提高车窗密封性；列车厕所和洗面池地漏安放防寒堵，以免因天气寒冷造成水管冻裂；通过台处安放防滑、防寒垫，防止形成积冰、积雪，造成旅客滑倒、摔伤。燃煤锅炉要提前做好整修，备足燃煤，为点火供暖做好准备。部分客车防寒措施如图 1-6 所示。

2. 工具材料准备

为保证冬季运输，要储备足够的过冬防寒材料、燃料和工具。取暖锅炉焚火时，锅炉室内备有炉钩、炉铲、水桶、摇炉把。天气寒冷，列车通过台连接处容易产生浮冰，特别是空调列车，通过台与车厢内的温差大,更容易出现浮冰。每节车厢应备有除冰铲,用于清除通过台连接处的浮冰,防止伤害事故的发生。

(a)车窗水晶板

(b)车门瞭望窗

(c)车门防寒垫

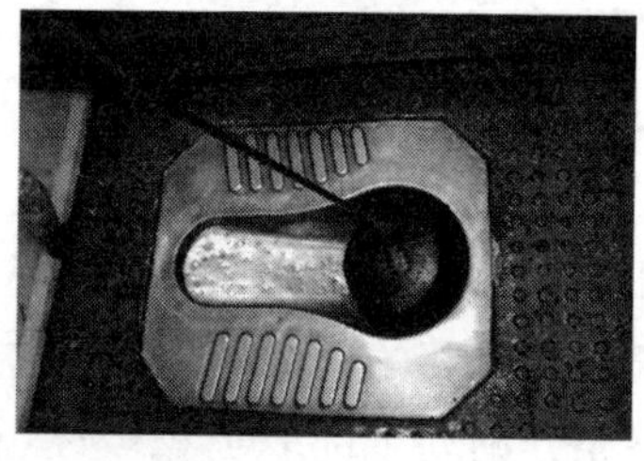

(d)便器防寒堵

图 1-6 部分客车防寒措施

3. 劳动保护用品准备

冬季运输车门口立岗时,乘务员要穿戴棉大衣、帽子(带耳孔)、棉鞋、手套或口罩等防寒用品,特别是始发和终到时,立岗时间长,不做好取暖的准备,造成身体不适,势必影响工作和服务质量。同时冬季还应为乘务人员准备防冻手霜、肥皂等,运行在寒冷地区的列车,应发放乘务员防寒服装。要提前进行冬季劳动保护用品的统计、采购,保证按要求及时发放到位,确保各岗位职工防寒用品、用具配备齐全。

四、技术准备工作

1. 过冬防寒知识培训

根据《铁路技术管理规程》(以下简称《技规》)中关于"对有关人员进行防寒过冬培训"的要求,要开展全员性的过冬防寒知识培训,采取脱产培训、业余学习等形式，通过集中宣讲、模拟演练、案例教育、图册画板、课件录像等方式，让广大干部职工了解冬期作业的特点、难点，清楚冬期作业的相关要求，掌握解决各种实际难题的技能和知识，克服麻痹思想，坚定战胜风雪严寒、出色完成冬春运各项生产任务的决心。特别要落实对初过冬人员、焚火人员和安全生产薄弱人员的重点教育培训，要理论和实际相结合，以脱产形式进行系统培训教育，达到人人会操作、会使用，经考试合格后上岗。“三新”人员过冬防寒考试卷必须存入本人技术档案备查，其他人员的试卷应妥善保管至次年。要指定专人负责，做好以老带新，以强带弱，搞好“传、帮、带”，确保“三种人”安全过冬。

2. 制定各种应急预案、相关办法

结合北方冬季运输的特点和列车的实际情况，应制定遇有暴风雪时应急预案，防止旅客滑倒、摔伤应急预案，锅炉缺水、超温、烧干锅应急预案，春运期间客流暴涨等应急预案及相关办法。

3. 组织进行有针对性应急演练

结合北方天气特别寒冷、雪比较大的特点，要在焚火前进行锅炉焚火的实作演练，绿皮列车的乘务员要做到人人熟悉锅炉焚火操作规程，掌握缺水时如何进行补水、如何清理炉灰、如何判明锅炉是否存在“烧干锅”现象等焚火知识。对空调列车乘务员也要进行冬季取暖的培训，能够正确、安全操作使用空调设备，才能保证车内温度适宜，为旅客创造一个舒服的旅行环境。要组织消防演练，做到知性能、会使用。通过演练提高职工动手能力，提高职工应急处置能力，提高职工过硬冬、保安全能力。

第三节　列车防寒整备要求

《技规》规定，各铁路局对防寒工作应提前做好准备，“对铁路技术设备进行防寒过冬检查、整修，并做好包扎管路等工作”，确保安全过冬。根据客车配属的车辆段所处地域以及旅客列车运行区段差异，各铁路局对客车防寒整备工作要求不尽相同。通常情况下,运行到东北、西北、华北地区的旅客列车应在每年10月上旬、其他地区应在每年11月上旬完成客车防寒整备工作。

一、客车防寒整备技术质量标准

1. 间隙防寒

(1)各门、窗玻璃完整,无裂纹、破损、边缘无缝隙,安装无松动。玻璃与槽型胶条间不得有间隙。

(2)各门、窗框无破损、腐烂、断裂。不得发生严重变形而影响使用。车窗落下后与窗台接触须严密。

(3)各端、侧门,风挡门及行李、邮政车拉门须开关灵活,作用可靠。各门、窗锁、翻板锁齐全,作用良好。通风器开关良好,关闭严密。

(4)各防寒毡条和防风、防雨胶条须完整、接触严密,无破损、脱落。

2. 给水装置防寒

(1)给水系统配件齐全,安装牢固,作用良好,无腐蚀、漏泄。

(2)各水管更换时,除排水管外均须使用镀锌钢管。

(3)茶炉烟筒的隔热石棉套须完整,防火作用可靠。水位表须有防护罩,显示清楚。

(4)给水及采暖系统的各手轮、把手、阀的色标要符合规定,保持明显可见。

(5)地面各排水口须补齐防风盖。防风盖需以铁链系在附件上。

(6)水箱挖补、截换时须用原相同厚度的钢板,并进行试水试验,保证不漏泄。

(7)按规定应包扎防寒材料的部位需符合原结构要求,保证完整,作用良好。

3. 煤炉采暖装置防寒

(1)手摇泵安装须牢固,配件齐全,作用良好,不漏水。

(2)采暖系统的各板阀、闸阀、止回阀及主要塞门须分解检修。整修后的锅炉、散热管、各阀、塞门、接头、各类水箱等均须不漏泄，配件齐全，作用良好。

(3)水位表、水温表每年检修一次，经检修的各种仪表须显示正确、清晰。并在玻璃罩内，指针下方涂打或贴以检修标签。表罩与表体加铅封。

(4)烟筒须分解摘帽检查，消除灰垢。烟筒高度应超出外顶板，隔热石棉套与外顶板没封闭或烟筒底端没超出内顶板的应接长或加装长套筒，隔热套内石棉灰须填满加实。要求配件齐全，安装牢固，防火作用可靠。

(5)锅炉全面整修后须经注水焚火试验，各部均无漏泄，循环良好。

4. 电采暖装置防寒

(1)电暖器需逐个开盖检查，消除内部杂物，电加热板应无烧损，安装牢固，各配线无烧损松脱，接地保护良好。

(2)电加热板冷态绝缘阻值不小于 50 MΩ。

(3)电暖器罩无脱落变形，螺钉紧固齐全。隔热层、导流板无破损、变形、安装牢固，并有可靠接地保护线。

(4)电气控制柜各电气元件作用良好，线端无烧损，温控器设定值 18 ℃～20 ℃，动差值 1.5 ℃。

(5)电加热器检修后，需接通电加热器主电路，通电试验时间不小于 2 h，电暖器罩表面温度须小于 65 ℃。

5. 客车备品防寒

(1)每辆客车均需按规定配备灭火器，灭火器需每年进行一次彻底检查，保证不过期，不破封，完好有效。

(2)软席、软卧、硬卧、餐车及进京、进沪、进穗列车，空调列车，特快列车等，每辆均需配齐车内温度表。统一安装在一位端一位侧中间门框上，距地板面高度为 1 700±10 mm 处。

(3)茶炉须有管径为 40 mm 以上排汽管，并伸出车外，茶炉室门锁作用良好。

(4)给水装置的排水应避开轴箱，避不开的要加装排水导管。导管安装须牢固，不脱落。

(5)客车的混凝土、玻璃钢地面及瓷砖破损要及时修补。铁围板接缝处须保持严密。

6. 客车防寒整备验收

客车配属的车辆段应对完成防寒整备的客车逐辆进行验收，确保防寒整备质量。铁路局应组织有关部门进行质量验收和交接，对防寒整备合格的客车发给防寒整备合格证，如图 1-7 所示。防寒整备合格证原则上应张贴在乘务室门内上侧，上年防寒合格证须清除干净。8～12月施行厂、段修的车辆，由厂、段修施修单位或部门兼做防寒整备并由车辆段张贴防寒整备合格证。

图 1-7　客车防寒整备合格证

二、客车采暖的管理

客车采暖时间由各铁路局客运部门确定。凡全年收取空调费的各次空调列车不受季节和采暖、制冷期的限制，须严格按照铁路总公司、铁路局的规定，调节车厢温度，并做好通风工作。

1. 普通客车的采暖要求

(1)独立焚火采暖的客车，采暖前由车辆段点火试验，循环良好，与客运段办理交接。防寒采暖设备不良，车内温度不能保证 16 ℃以上的客车，不得编挂使用。

(2)旅客列车采暖用煤和引火柴，由车辆段负责储备。独立暖房上煤、补煤由客运段负责；单程运行 1 000 km 以内的旅客列车，由列车担当段始发一次上足往返所需燃料，单程运行 1 000 km 以上的旅客列车，可在折返段补充燃料。专运列车(车辆)或旅客列车遇有临时情况，需要在中途补煤时，根据列车长电报，由客运段负责补煤。

(3)冬季之前，需在折返段补充燃料的客运段，应提早向折返段补充燃料单位提出计划，折返段纳入计划，保证供应。折返段和中途临时补充燃料所需费用，根据列车长的签字向担当列车配属段一次清算。

(4)客车采暖期间，客运段根据实际需要配备锅炉工，负责独立暖房的焚火和在折返站库内停留期间看管工作。需设专人负责上煤时，可根据工作量配季节性临时工。锅炉工、上煤工应按规定发给劳动保护用品，运行在寒冷地区的列车，应发放乘务员防寒服装。

(5)独立温水取暖装置客车的焚火人员须经车辆部门培训，熟练掌握锅炉焚火技术，经考试合格填发合格证，方可独立工作。独立温水取暖装置的焚火、灭火工作及列车在库、站停留期间的看火、预热工作由列车乘务员负责。

(6)旅客列车库停时车内温度不得低于 5 ℃，运行时车内温度不得低于 16 ℃。采暖期间编入列车的客车不得随意灭火，如因故需灭火时，应由列车长和车辆乘务长联系，及时排水，以防冻坏车辆。

(7)采暖期间，车辆乘务员负责巡视检查，应保证采暖设备的技术状态良好，有故障时及时处理。随时注意设备使用情况，发现问题及时和列车长联系消除隐患。

(8)燃煤锅炉采暖装置、茶炉的操作应严格按照操作规程执行。操作规程由车辆段负责印制、安装。

2. 空调客车的采暖要求

(1)空调客车采暖装置由车辆乘务员人员负责操作使用。空调列车的列车员需熟练、正确使用电加热器及空调装置，经培训和考试合格后，方准独立操作。

(2)冬季空调列车始发前 40 min 和途中温度应保持在 18 ℃～20 ℃之间，保持空气新鲜。

(3)配电柜、电加热器周围严禁堆放物品，保证设备通风、散热良好，防止火灾的发生。

(4)严禁用硬物捅、撬集便器排便阀，造成排便阀损坏后，影响下部电伴热装置的绝缘。

三、客车防冻的管理

在冬季取暖期，为确保客车车厢温度达标，做好列车防寒、防冻车、防冷车工作，必须加强防寒整备和日常管理。

1. 日常防冻管理

(1)车辆部门要对列车车棚内水箱装置进行全面检查，对防寒破损或达不到防寒要求的棚内水箱进行包扎防寒，对顶板、墙板内可见供水管路必须补齐防寒材料，确保冬运期间车内给水供给。图 1-8 为管路防寒包扎。

图 1-8 管路防寒包扎

(2)车辆部门负责对进入高寒地区列车的铁、橡胶风挡连接处安装“半封闭式软连接”,列车首尾安装风挡端门。对于折页侧门与门框缝隙较大的,车辆部门负责在门或门框加装空心胶条、毡条,防止风雪进入车厢。

(3)对洗面池、地漏、厕所便器配备防寒堵,对各次列车的折页侧门翻板处及铁、橡胶风挡连接处,安设防寒棉垫,防止进入风雪,保证车内温度。

(4)为防止厕所排便筒及各排水管冻堵,列车站停时,列车员需用胶锤敲击排便筒及排水管除冰,防止管内积冰过多,造成堵塞。当排便筒、排水管冻堵时,列车员应用热水烫开,禁止用铁钎等钝器击打,造成排便筒、排水管损坏或脱落。

(5)空调客车(重点是 DC 600 V 直供电客车)终到站前至少半小时,客运人员应将电暖器开至全暖,保证车厢内温度在 30 ℃以上,旅客下车后,及时关闭各门,上好便器堵及各排水堵,减少热量流失。

(6)空调列车本属库内或折返站采暖供电时,根据车内温度情况,适时供电采暖,定时巡视,防止外接电源、发电车超载及冻车等问题发生。

(7)加强焚火列车的锅炉焚火管理。运行中要加强焚火工作,勤检查水位防止缺水,勤清理锅炉火床保持火旺,勤检查炉温保证供暖,极寒天气时炉温不得低于 80 ℃;库内停留期间及折返站停留期间,焚火人员加强焚火,各门关闭管理,杜绝冻车现象。

(8)采暖期间,对到甩客车要及时排水。因故中途摘车时,独立采暖的客车要派人看火或彻底排水,集中供电客车需彻底排水。出入厂、段的检修车,要认真办理交接,防止冻车。

2. 冻车时各部门责任划分

(1)车辆部门责任:因水道、采暖系统故障维修不及时引起的旅客投诉和造成的冻车,因厕所、洗面间车窗作用不良不能关闭时,造成的冻车。

(2)客运部门责任:由于管理不善,焚火不当造成的冻车。

运行途中发生冻车时填报客统报表,必要时可电报声明;到达入库后或停留期间发生的冻车可电话报客运调度。

复习思考题

1. 北方地区冬季运输有哪些特点?
2. 客运部门在冬运前应做好哪些准备工作?
3. 采暖期普通客车和空调列车的室内温度是如何规定的?
4. 冬季旅客列车冻车的责任是如何划分的?

第二章　客运服务基本要求能

第一节　客运职工职业道德

道德是一种社会意识形态，是人类社会特有的现象，是人们共同生活及其行为的准则与规范。道德往往代表着社会的正面价值取向，起判断行为正当与否的作用。然而，不同时代与不同阶级，其道德观念都会有所变化。从目前所承认的人性来说，道德是既对事物负责，又不伤害他人的一种准则。

一、职业道德的含义

职业道德是指人们在职业生活中应遵循的基本道德，即一般社会道德在职业生活中的具体体现，是职业品德、职业纪律、专业胜任能力及职业责任等的总称，是同人们职业活动紧密联系的符合职业特点所要求的道德准则、道德情操与道德品质。职业道德属于自律范围，它通过公约、守则等对职业生活中的某些方面加以规范。职业道德既是本行业人员在职业活动中的行为规范，又是行业对社会所负的道德责任和义务。

二、职业道德守则

不同的职业有不同的职业道德。职业道德具有鲜明的行业性、具体的适用性、内容和形式的多样性、相对稳定性及世代相承连续性等特点。职业道德具体体现为爱岗敬业、诚实守信、办事公道、服务群众和奉献社会。

职业道德的评价有三种形式，分别是社会舆论、传统习惯和内心信念。社会舆论是来自外部的评价形式,内心信念是自身内部因素的评价形式,而传统习惯既可能以外部因素为主,也可能以内部因素为主,它们共同对从业者的职业道德做出善恶判断,调整着从业者与服务对象之间的关系。职业道德应遵守下列守则:

(1)遵守法律、法规和有关规定。

(2)爱岗敬业,具有高度的责任心。

(3)严格执行工作程序、工作规范、工作标准和安全操作规程。

(4)工作认真负责,具有高度的责任感和良好的团队精神。

(5)爱护设施设备、工具、备品。

(6)着装整洁,符合规定,文明生产。

(7)钻研业务,努力提高综合素质和管理水平。

三、铁路职工职业道德

铁路职业道德是社会主义社会对铁路提出的行业道德要求,是铁路职工在铁路运输生产活动和与此有关的工作中所应遵守的行为规范的总和。

"人民铁路为人民"是铁路职业道德的总纲和精髓。它集中回答了如何处理铁路运输生产过程中所涉及的各种利益关系,通过这个口号,我们可以深刻认识到铁路职业工作的本质是什么。铁路职业道德的基本规范有爱路护路、尊客爱货、尽职尽责、热情周到、遵章守纪、保证安全等,这些都是"人民铁路为人民"这一宗旨和基本原则的具体化和职业化。

四、铁路客运职工职业道德

《铁路旅客运输管理规则》规定,铁路客运职工的职业道德有以下7个方面:

(1)勤恳敬业:做到工作勤奋、业务熟练;

(2)廉洁奉公:做到公道正派、不徇私情;

(3)顾全大局:做到团结协作、密切配合;

(4)遵章守纪:做到服从命令、执行标准;

(5)优质服务:做到主动热情、细心周到;

(6)礼貌待客:做到行为端庄、举止文明;

(7)爱护行包:做到文明装卸、认真负责。

第二节　服务质量问题的分类与处罚

一、旅客运输服务质量监督监察的规定

(1)铁路旅客运输服务质量实行分级监督监察制。铁路总公司客运职能部门负责全路旅客运输服务质量监督监察;铁路局客运职能部门负责本局和进入本局管辖内外单位担当的旅客列车的旅客运输服务质量监督监察。下级客运职能部门接受上级客运职能部门监察检查和指导。

(2)客运监察在执行公务时原则上不得少于两名,须出示客运监察证,客运监察必须做到廉洁自律、秉公执法、办事公正。对滥用职权者,被检查单位或个人有权向上级举报,受理部门要认真调查处理。

(3)客运监察证有效期为一年,原则上不跨年度填发,本年度客运监察证的有效期可延期至次年1月15日。填写客运监察证使用区间的自至站名,必须与填写的铁路乘车证区间自至站名相一致。客运监察证的编号全路统一编制。

二、服务质量问题分类及定性

服务质量问题分为服务质量不良反映、服务质量一般问题、服务质量严重问题、服务质量重大问题。

1. 服务质量不良反映

未构成服务质量一般问题的不良反映,为服务质量不良反映。

2. 服务质量一般问题

(1)旅客、货主投诉或新闻媒体曝光,在社会上造成不良影响的。

(2)站、车设备、设施、备品未达到规定标准,影响服务质量或旅客、货主提出批评意见的。

(3)站、车各项工作标准、基础管理未达到规定要求影响服务质量的。

(4)未按国家或铁路有关规定对运价、杂费、商品实行明码标价的。

(5)站、车存在安全隐患,但尚未发生旅客、货主伤害和责任事故的。

(6)站、车治安秩序差,但尚未发生旅客、货主伤害事故的。

(7)站、车环境卫生、饮食卫生差,但尚未发生旅客伤害事故的。

(8)站、车工作人员在工作中与旅客、货主发生争执造成不良影响的。

(9)责任造成旅客 10 人以下漏乘、误乘、误降、坐过站的。

(10)责任造成旅客列车晚点的。

(11)责任造成旅客、货主财产损坏、丢失、被盗价值在 500 元以下的。

3. 服务质量严重问题

(1)旅客、货主投诉或新闻媒体曝光,在社会上造成较坏不良影响的。

(2)责任造成旅客、货主轻伤的。

(3)站、车设备、设施、备品故障、缺损,严重影响服务质量,旅客、货主反映强烈或给旅客、货主造成人身伤害或带来经济损失的。

(4)利用职权运输无票人员、货物,勒卡、索要旅客、货主钱物,价值在 200 元以下的。

(5)责任发生食物中毒事故未造成人员死亡的。

(6)站、车工作人员在工作中刁难、打骂旅客、货主造成较大影响的。

(7)责任造成旅客 10 人及以上漏乘、误乘、误降、坐过站的。

(8)责任造成旅客、货主财产损坏、丢失、被盗价值在 500 元及以上不足 1 000 元的。

(9)违反国家和铁路有关收费标准、规定，乱收费、乱加价造成较大不良影响的。

4. 服务质量重大问题

(1)旅客、货主投诉或新闻媒体曝光，在社会上造成严重不良影响的。

(2)责任造成旅客、货主重伤及以上伤害的。

(3)利用职权运输无票人员、货物，勒卡、索要旅客、货主钱物，价值在 200 元及以上的。

(4)责任发生食物中毒事故造成人员死亡的。

(5)站、车工作人员在工作中殴打旅客、货主造成严重影响或轻伤及以上伤害的。

(6)责任造成旅客、货主财产损坏、丢失、被盗价值在 1 000 元及以上的。

(7)违反国家和铁路有关收费标准、规定，乱收费、乱加价造成严重不良影响的。

三、服务质量问题的处罚

1. 处罚原则

对服务质量问题的处罚，坚持实事求是、惩前毖后、治病救人的原则。

2. 处罚种类

处罚种类分为通报批评、罚款、行政处分 3 类。

(1)通报批评。对发生服务质量问题的单位和个人予以通报批评。

(2)罚款。发生“服务质量严重问题”之一的，能够确定款额的对责任者处以发生款额的 1～2 倍罚款，责任单位处以 2～4 倍罚款；不能确定款额的对责任者处以 1 000～2 000 元罚款，责任单位处以 4 000～10 000 元罚款。发生“服务质量重大问题”之一的，能够确定款额的对责任者处以发生款额的1～2倍罚款,责任单位处以2～4倍罚款;不能确定款额的对责任者处以2 000～4 000元罚款,对责任单位处以8 000～20 000元罚款。两名以上责任者可累计处罚。

(3)行政处分。行政处分分为警告、记过、记大过、降级、撤职、留用察看、开除7种。发生"服务质量严重问题"的,根据情节轻重对责任者可给予警告至撤职处分;发生"服务质量重大问题"的,根据情节轻重对责任者可给予记过至开除处分。对发生服务质量问题的责任单位要追究领导责任。

3. 其他规定

(1)对发生"服务质量严重问题"、"服务质量重大问题",涉及无票运输人员、货物的,对责任单位和责任者的经济处罚、行政处分按《关于违反铁路运输收入纪律的处罚规定》(铁财〔1999〕76号)的规定执行。

(2)对发生"服务质量严重问题"、"服务质量重大问题",涉及乱收费、乱加价、敲诈勒索、以票谋私的,对责任单位和责任者的经济处罚、行政处分按《违反铁路路风管理办法的行政处分规定》(铁监〔1998〕16号)的规定执行。

(3)对发生"服务质量严重问题"及以上问题的责任者给予行政处分的同时,可给予一次性罚款。

(4)对隐瞒事实、出具伪证、包庇纵容、阻挠妨碍客运监察执行公务或对举报、执行公务人员进行打击报复的,一经查实从严处理。

(5)对涉嫌触犯刑律的,移交司法机关依法处理。

第三节　冬春运中路风问题的防范与处理

路风是指铁路的行业风气,是铁路的性质、宗旨和经营方向在运输企业和职工中的综合表现。路风工作是铁路精神文明建设、党风廉政建设和企业经营管理的重要组成部分。加强路风工作,对于提高职工队伍素质,提升运输服务质量,促进铁路发展,推进和谐铁路建设,具有重要作用。

路风工作要坚持“标本兼治、纠建并举”的方针，强化监察监督，注重源头治理，切实解决损害旅客货主利益的问题，为铁路发展创造良好的社会环境。

路风工作要坚持谁主管谁负责的原则，实行领导负责、系统负责、逐级负责，管业务必须管路风，党政工团齐抓共管，综合治理。

一、路风问题的定义与分类

路风问题系指铁路单位和从业人员凭借职务或工作便利条件营私谋利，或违背职业道德，服务质量低劣，给旅客货主造成经济损失或精神、身体伤害，在路内外造成不良影响和后果的行为。其主要包括以车谋私、以票谋私、乱收费乱加价、勒卡索要、粗暴待客、违规经营、违规贩运等7类。

1. 以车谋私

以车谋私指凭借职权或通过关系，以车皮、集装箱等运输条件谋取私利的行为。

(1)在受理运输计划、审批承认车、安排货位、安排装车、配车配箱、装卸作业、变更装卸地点、变更到站、取送车作业等运输环节中谋取私利。

(2)将车皮、集装箱计划切块给路内外单位或个人，从中谋取私利。

(3)违反运输纪律，采取无票运输、换票运输、伪报品名、少报重量等手段侵犯运输收入，从中谋取私利。

(4)违反规定下浮运价，从中谋取私利。

2. 以票谋私

以票谋私指凭借职务或工作之便，利用车票谋取私利的行为。

(1)违反售票纪律，利用批团体票、机动票、合同订票或切块、囤票等不正当手段为他人提供车票从中谋取私利。

(2)利用职务或工作之便，内外勾结倒卖车票。

(3)列车工作人员为旅客代办车票收取好处费,或收钱不补票,收长途钱补短途票,侵吞票款;为旅行团体代办车票提供方便,获取好处或不正当利益。

(4)私带无票人员、行包和货物,安排越席及其他不符合乘车条件人员。

(5)内外勾结霸座卖座、接送无票人员进出站上下车、装运超过票记重量、件数的行包货物从中谋取私利。

3. 乱收费乱加价

(1)违反国家、铁路总公司规定的运、杂费收费项目和标准,收取或变相收取不合理费用。

(2)在运输代理和客货延伸服务中,只收费不服务,多收费少服务,擅自设立收费项目、提高收费标准,或不提供合法票据。

(3)车站或票务管理部门不送票收取送票费,将车票票额切块给宾馆、饭店、旅行社等加价收费,自办售票点超标准收费,车站售票窗口或计划室搭收其他费用。

(4)车站或票务管理部门从客票代理销售点的乱收费乱加价中分成。

4. 勒卡索要

勒卡索要指凭借职务或工作之便,采取刁难、要挟或威胁等手段,敲诈勒索旅客货主。

5. 粗暴待客

(1)对旅客货主语言污秽,行为粗鲁。

(2)有意设置障碍,刁难旅客货主。

(3)殴打旅客货主或限制旅客货主人身自由。

(4)严重侵害旅客货主人身权利构成违法犯罪的行为。

6. 违规经营

(1)以不批计划、不配空车、拖延办理等手段,强制货主办理延伸服务或运输代理。

(2)铁路多经、集经企业或与之联营的单位强制办理运输代理、延伸服务业务。

(3)铁路货运业务与延伸服务或运输代理业务合并办理,以及代收延伸服务或运输代理费用。

(4)站车强卖、搭售商品,或出售假冒伪劣商品。

(5)列车餐车开办茶座、夜宵,违规收费,变相卖座。

(6)以提前进站、提供车票等手段误导旅客进茶座、休息厅等场所收取费用,或在代办转乘车船、住宿、旅游等业务中违背承诺,欺诈旅客。

7. 违规贩运

违规贩运指凭借职务或工作之便,利用列车搞营利性捎买带或携带禁运、限运物品。

二、路风问题的定性

路风问题分为重大路风事件、严重路风事件、一般路风事件和路风不良反映。

1. 重大路风事件

构成下列路风问题之一的,定为重大路风事件:

(1)以车谋私金额(含实物折算价值,下同)5 000 元以上,以票谋私金额 3 000 元以上。

(2)乱收费、乱加价金额(从行为发生之日起累计计算,下同),客运在 100 000 元以上;货运在 500 000 元以上。

(3)私带无票人员、行包、货物,安排越席及其他不符合乘车条件人员,按已乘(运)区间票价(运价)计算,同时收取好处费的合并计算,金额在 3 000 元以上。

(4)殴打旅客货主造成重伤、死亡,或侵害旅客货主人身权利情节特别严重。

(5)敲诈勒索旅客货主情节特别严重。

(6)贩运物品一次价值在 10 000 元以上,或情节特别严重。

(7)其他造成特别恶劣影响,使路风路誉遭受严重损害的行为。

2. 严重路风事件

构成下列路风问题之一的,定为严重路风事件:

(1)以车谋私金额 2 000 元以上不足 5 000 元,以票谋私金额1 500 元以上不足 3 000 元。

(2)乱收费、乱加价金额,客运在 50 000 元以上不足 100 000 元;货运在 200 000 元以上不足 500 000 元。

(3)私带无票人员、行包、货物,安排越席及其他不符合乘车条件人员,按已乘(运)区间票价(运价)计算,同时收取好处费的合并计算,金额在 1 500 元以上不足 3 000 元。

(4)殴打旅客货主造成轻伤,或侵害旅客货主人身权利情节严重。

(5)敲诈勒索旅客货主情节严重。

(6)贩运物品一次价值在 5 000 元以上不足 10 000 元或情节严重。

(7)违规经营造成恶劣影响。

(8)其他造成恶劣影响,使路风路誉遭受很大损害的行为。

3. 一般路风事件

构成下列路风问题之一的,定为一般路风事件:

(1)以车谋私金额 1 000 元以上不足 2 000 元,以票谋私金额 500 元以上不足 1 500 元。

(2)乱收费、乱加价金额,客运在 30 000 元以上不足 50 000 元;货运在 50 000 元以上不足 200 000 元。

(3)私带无票人员、行包、货物,安排越席及其他不符合乘车条件人员,按已乘(运)区间票价(运价)计算,同时收取好处费的合并计算,金额在 500 元以上不足 1 500 元。

(4)殴打旅客货主造成轻微伤,或侵害旅客货主人身权利情节严重。

(5)敲诈勒索旅客货主情节轻微。

(6)贩运物品一次价值在 3 000 元以上不足 5 000 元,或情节较重。

(7)违规经营造成很坏影响。

(8)其他造成很坏影响,使路风路誉遭受较大损害的行为。

4. 路风不良反映

未构成路风事件的路风问题,定为路风不良反映。

三、冬春运中路风问题的防范与处理

(一)冬春运中路风问题的防范

由于冬春运期间气候条件恶劣,客流比较集中,服务质量受到一定影响,致使冬春运时期路风问题增多,旅客投诉意见比较集中。据统计,各类投诉中列车方面的投诉大约占到了铁路总投诉量的1/3。列车上引发旅客冲突和投诉的主要原因是由于旅客对铁路服务产生不满意情绪,如列车晚点延误,列车服务人员对旅客不尊重,态度不好,工作不负责任,服务技能低,车上商品价格高,运输服务质量差,列车设施不配套,服务项目少,与他人纠纷等等,这些问题发生后,没有达到旅客心理需求,从而导致旅客抱怨和投诉。

列车上发生路风问题,列车长是受理、处理路风事件的第一责任人。列车长应以不同的形式对参加冬春运的乘务员进行培训,以防范为主,不断落实旅客服务标准,规范列车服务行为,减少路风事件。

1. 加强路风教育

对列车乘务员,要在冬春运前和班组日常教育活动中,全面组织学习有关路风管理方面的文件和制度,学习一次乘务作业标准和服务礼仪,学习公民道德和铁路客运行业职业道德规范,通过路风教育,使每个从事客运工作的职工认识路风的重要性,不发生或少发生旅客投诉及路风问题,增强职工自觉维护路风路誉的自觉性。

2. 抓好正反典型案例警示教育

充分利用交班会、班组点名会、班组学习等形式做好路风宣传教育,对乘务员发生的主动为旅客排忧解难,自觉维护路风路誉的先进事迹及旅客表扬信进行大张旗鼓地宣传,对一些各级检查组查出的具有普遍性的路风问题及旅客来信、来电的投诉,进行分析和学习,认真吸取路风事件教训。

3. 抓小防大,控制路风问题发生

出了问题要及时向上一级管理部门或人员反馈,防止旅客向高层投诉、反复投诉,扩大事态。要正确对待旅客投诉,牢固树立路风工作无小事的思想意识,积极主动去化解矛盾,处理不好一个小问题,可能会引起社会震动,致使影响扩大化。

4. 加强道德和法制教育

通过面授、知识竞赛、答题、现场布展等多种形式,强化法制意识,防范大于救灾,防止各类客运事件升级引起不应发生的治安事件和刑事犯罪。

(二)路风问题的处理

1. 认定部门

重大路风事件和严重路风事件由铁路局认定,铁路总公司审批;一般路风事件由铁路局认定;路风不良反映由站段认定。

2. 处理原则

处理路风问题坚持实事求是的原则,以事实为依据,准确定性,恰当处分;坚持从严执纪的原则,对发生路风问题的单位、个人不姑息迁就、袒护包庇;坚持惩前毖后、治病救人的原则,实行惩戒与教育相结合。

3. 路风问题责任单位或责任者的处罚

(1)对路风问题责任单位的处罚。对路风问题责任单位的处罚分为通报批评、经济处罚、在企业经营业绩考核中扣分、取消有关荣誉称号和评先资格。

(2)对路风问题责任人的处分。对尚未构成解除劳动合同条件的路风问题责任者的行政处理,由铁路运输企业根据本单位奖惩办法给予行政处分。行政处分分为警告、记过、记大过、降级、撤职 5 种。在给予处分的同时,可由单位调整其工作岗位,对因处分情形未能完成工作任务的,由单位按相应的考核办法进行经济考核。对构成接触劳动合同条件的,由用人单位依法解除劳动合同。

(3)路风问题责任单位或责任者的处罚规定：

①构成路风不良反映的，给予决策者或直接责任者警告至记过处分，情节轻微的，可免予处分。

②构成一般路风事件的，给予决策者或直接责任者记过至撤职处分。

③构成严重路风事件的，给予决策者或直接责任者记大过至撤职处分。

④构成重大路风事件的，给予决策者或直接责任者撤职处分。

⑤对乱收费乱加价的责任单位，在收缴其非法所得的同时，可按乱收费乱加价数额给予1～2倍的罚款。

(4)其他处罚规定。旅客列车长时间长距离存在无票人员或越席旅客，不能确定私带责任人的，按无票人员或越席旅客所在列车部位，追究相应乘务人员及列车长的管理责任。

两人以上共同发生路风问题，对主要责任者和其他责任者区别其作用和责任分别处理。涉及谋私的路风问题，主要责任者按谋私总额处罚，其他责任者按个人谋私数额分别处罚。

一人发生两种以上应当受到处分行为的，要合并处理。按应受数种处分中最高处分加重一档给予处分；如果其中一种处分是撤职的，即给予撤职处分。

复习思考题

1. 铁路客运职工职业道德的内容是什么？
2. 服务质量问题分为哪几类？
3. 服务质量问题的处罚分为哪几类？
4. 什么是路风问题？路风问题包括哪几类？

第三章　安全常识

安全是旅客运输的基石，是旅客运输组织工作的前提保障，没有安全做基础，满足旅客需求，提高服务质量就只能是一句空话。在乘务工作中，我们必须对旅客生命财产负责，同时也要对自身安全负责。严格执行标准化作业，为旅客做好安全引导及宣传，确保运输过程中的安全。只有这样，才能让旅客安全出行，为职工安全出乘保驾护航。

第一节　电气化安全

电气化铁路是依靠铁路线路上架设的接触网为机车提供动力的，送电时，接触网的所带的高压电高达 25 kV，人体安全电压 36 V，我们不难看出，高压电超过安全电压近千倍。因此，电气化铁路的安全风险更大，铁路工作人员必须了解电气化铁路安全的有关规定，并向旅客做好相应宣传。

一、电气化设备

电气化铁路是以电能作为牵引动力的一种现代化的运输工具，由于其功率大，速度快，且节能、环保的特点在我国正在普及，特别是动车组大面积开行的今天，新建客运专线均以电气化铁路为建设模式。

电力机车、动车组列车本身不带能源，只有通过外部供电，为电力机车、动车组供电，转化为动力进行牵引供电，因此，这些外部供电设备组成牵引供电系统。电气化设备主要由以下几部分组成：

1. 牵引变电所

牵引变电所是将电力系统输送来的 110 kV 或 220 kV 等级的工

频交流高压电，通过一定接线形式的牵引变压器变成适合电力机车使用的 25 kV 等级的单相工频交流电，再通过不同的馈电线将电能送到相应方向的电气化铁路(接触网)上，满足来自不同方向电力机车的供电需要。牵引变电所一般设在车站的一端，在车站和区间分界处与另一端不同相位的供电臂通过分相绝缘器或电分段锚段关节相连。同一方向馈出回路的高压开关具备一旁路备用开关，可满足不间断可靠供电要求和检修的需要。

2. 分区所

分区所的作用是将电气化铁路上下行接触网通过分区所并联起来，以提高供电臂末端接触网上的电压水平，均衡上下行供电臂的电流，降低电能损失，在较重车方向和线路有较大坡道情况下效果更为明显，在一个牵引变电所故障情况下，通过分区所可以由相邻牵引变电所实行越区供电。

3. 开闭所

开闭所的主要作用是在大的编组站和客运站实现分束、分段供电，提高供电的可靠性，缩小停电范围，减少事故对铁路运行的影响。

4. 馈电线

馈电线是牵引变电所与接触网之间的连接线，它的功能是从牵引变电所向接触网供电。

5. 接触网

接触网是电气化铁路上的主要供电装置，它通过钢筋混凝土方柱式等径圆支柱及软横跨、硬横跨，以一定的悬挂形式将接触线直接架设在铁路线路的上方。它通过与电力机车顶部受电弓的滑动接触将电能供给电车机车、动车组列车。

6. 钢轨

在电气化区段，电力机车是通过钢轨作为牵引电流回路的，大部分牵引电流经过与之相连的绝缘电缆直接回到变电所。

7. 回流线

回流线是轨道回路与牵引变电所之间的连接线，它是将流经吸上线的牵引电流直接回送变电所内的牵引变压器,主要作用是减少电能的损失,降低对沿线通信、信号线路的干扰。

二、电气化安全规定

1. 一般规定

(1)为保证人身安全,除牵引供电专业人员按规定作业外,任何人员及所携带的物件、作业工器具等须与牵引供电设备高压带电部分保持 2 m 以上的距离,与回流线、架空地线、保护线保持 1 m 以上距离,距离不足时,牵引供电设备须停电。

(2)机车、动车及各种车辆上方的接触网设备未停电并办理安全防护措施前,禁止任何人员攀登到车顶或车辆装载的货物上。旅客列车乘务人员不得在车外使用铁钎、长竿疏通烟囱或调整通风口。

(3)电气化区段上水、保洁、施工等作业,不得将水管向供电线路方向喷射,站车保洁不得采用向车体上部喷水方式洗刷车体。

(4)发现牵引供电设备断线及其部件损坏,或发现牵引供电设备上挂有线头、绳索、塑料布等异物或脱落搭接,均不得与之接触,应立即通知附近车站,在牵引供电设备检修人员到达未采取措施以前,任何人员均应距已断线索或异物处所 10 m 以外。在此范围内的人员应单腿跳出或双足并拢沿半径方向跳出危险区,以防跨步电压危及人身安全。

(5)站内和行人较多的地段,牵引供电设备支柱在距轨面 2.5 m 高处均要设白底黑字“高压危险”并有红色闪电符号的警示标志。禁止借助接触网支柱搭脚手架,必须借助接触网支柱登高时,必须有供电专业人员现场监护。

(6)天桥、跨线桥靠近或跨越牵引供电设备的地方,须设置防护栅网,栅网由所附属结构的产权或工程建设单位负责安设。防护栅网安设“高压危险”标志,警示标志由供电设备管理单位制作安装。

(7)电气化铁路区段车站风雨棚、跨线桥、隧道等构建物应安装牢固,状态良好,不得脱落。距牵引供电设备 2 m 范围内不得出现漏水、悬挂冰凌等现象。附挂在跨线桥、渠上的管路，以及通信、照明等线缆，须设专门固定设施，且安装可靠，不得脱落。

2. 电气化铁路附近消防安全规定

电气化铁路附近发生火灾时，必须通知列车调度员、电力调度员或接触网工区值班人员，并遵守下列规定：

(1)距牵引供电设备带电部分不足 4 m 的燃着物体，使用水或灭火器灭火时，牵引供电设备必须停电。

(2)距牵引供电设备带电部分超过 2 m 的燃着物体，使用沙土灭火时，牵引供电设备可不停电，但须保持灭火机具及沙土等与带电部分的距离在 2 m 以上。

(3)如距牵引供电设备带电部分超过 4 m 以上的，在未停电的情况下可以使用水浇灭火，但严禁向带电部分的方向喷射，并保持水流与带电部分的距离在 2 m 以上。

3. 车辆行人通过道口安全规定

各种车辆和行人通过电气化铁路平交道口必须遵守下列规定：

(1)通过道口车辆限界及货物装载高度(从地面算起)不得超过 4.5 m，超过时，应绕行立交道口或进行货物倒装。

(2)通过道口车辆上部或其货物装载高度(从地面算起)超过 2 m 通过平交道口时，车辆上部及装载货物上严禁坐人。

(3)行人持有长大、飘动等物件通过道口时，不得高举挥动，应与牵引供电设备带电部分保持 2 m 以上的距离。

三、电气化区段车顶爬人或触电伤亡的处理

(1)电气化区段严禁任何人攀登车顶。如遇车顶上爬人或有人死伤时，应立即停车。

(2)对于爬车人应警告其不要在车顶站立，以免触电身亡。

(3)迅速与运转车长、司机和车站取得联系，请求区段停电。

(4)确认高压无电后，立即引导爬车人下车或将伤者抬下。

(5)编制客运记录交车站处理。

四、触电类型及抢救方法

1. 常见的触电类型

常见的触电类型主要有以下几种：

(1)人体碰触带电的导体。

(2)人体碰触绝缘损坏的电气设备。

(3)人站在接地电流通过的地面。

(4)人体与高压带电体之间不足规定的最小安全距离，形成带电体对人体放电。

(5)误操作时强烈电弧波及人体等。

2. 电气化区段有人触电时的应急处理

发现有人触电时，首先应使触电者迅速脱离电源，并按如下办法处理：

(1)如隔离开关距触电者较近，应立即拉开开关，切断电源。

(2)如隔离开关距触电者较远，来不及切断电源时，救护人员应穿着绝缘鞋，戴上绝缘手套，使用绝缘棒使触电者脱离电源。

(3)采用抛线短路法，即用一根金属导线，一端牢固地接在钢轨上，另一端抛挂在接触网上，迫使电源开关跳闸。抛线地点应距接触者靠牵引变电所一侧 10 m 以外，并注意防止短路电流伤人。

(4)没有切断电源以前，不要赤手直接或间接使用非绝缘物件接触触电者(此时已成为带电体)，以防止救护者本人触电。

(5)在切断电源的同时，要做好触电者再次摔倒跌伤的防护措施。例如，触电者触电开始时由于肌肉收缩而紧握带电体；断电时，手就松开，就可能从高处跌下，加重伤势。

3. 对触电者的急救

急救触电者，一般可按以下 4 种情况分别处理：

(1)伤者未失去知觉时，应安放在空气流通、温暖处安静休息，同时请医生或送往医院治疗。

(2)伤员虽已失去知觉，但呼吸及脉搏均未停止时，应安放在平坦通风的处所，解开衣扣裤带使其呼吸不受阻碍，同时用毛巾擦抹全身，使之发热，并迅速请医生。

(3)伤者失去知觉，而且呼吸困难时，应立即就地使用人工呼吸进行急救，并迅速派人请医生前来，切不可注射强心剂或向触电者身上泼冷水。

(4)触电者呼吸及心跳均已停止时，多数都是假死，只要抢救及时，方法得当，一般都能够救活。救护人员要坚持先救后搬移的原则，立即就地进行连续的人工呼吸或心脏按压，直至救活或医生诊断已死亡为止。

第二节　消防安全

每趟旅客列车都运载着数以千计的旅客，消防安全工作至关重要，特别是冬季旅客运输期间，既有北方锅炉焚火，又有南方大批返乡过节的民工专列开行，在运输过程中不同程度的存在着火灾隐患，为了预防列车火灾，减少火灾的危害，必须做好列车火灾的预防工作。

一、火灾基本常识

(一)燃烧的特点及燃烧的条件

1. 燃烧的特征

燃烧是一种同时伴有放热和发光效应的激烈的化学反应。放热、发光、生成新物质(如木料燃烧后生成二氧化碳和水分并剩下碳和灰)是燃烧现象的 3 个特征。

2. 燃烧的条件

燃烧必须同时具备 3 个条件：

(1)有可燃物。凡是能够与空气中的氧或其他氧化剂起剧烈化学反应的物质，一般都称为可燃物质。如木材、纸张、汽油、酒精、氢气、钠、镁等。

(2)有助燃物。凡能和可燃物发生反应并引起燃烧的物质,称为助燃物质。空气、氧气是比较常见的助燃物,但氧气并不是唯一的助燃物,氯、过氧化钠等都可以称为助燃物。例如,金属钠(Na)和氯气(Cl_2)反应生成氯化钠(NaCl),该反应没有氧气参加,但是伴随剧烈的发光发热的化学反应,同样属于燃烧范畴。

(3)有着火源。凡能引起可燃物质燃烧的热能源,叫做着火源。如:明火、赤热体、火星、聚焦的日光、机械热、雷电、静电、电火花等。

只有同时具备了以上3个燃烧所必需的条件,可燃物质才能发生燃烧。

3. 燃烧的类型

燃烧按物质形成的不同分为气体燃烧、液体燃烧和固体燃烧;按其燃烧形式可分为自燃、闪燃和着火等类型。

(1)自燃:可燃物在空气中没有外来火源的作用,靠自热或外热而发生燃烧的现象,称为自燃。引起自燃的最低温度称为自燃点,即燃点。自燃点越低的,火灾的危险性越大。在一般情况下,能引起本身自燃的物质常见的有植物产品、油脂类、煤及其他化学物质。如磷、磷化氢是自燃点低的物质。

(2)闪燃:可燃物表面或可燃液体上方在很短时间内重复出现火焰一闪即灭(延续时间小于5 s)的燃烧现象。可燃液体蒸发出的蒸汽与空气混合构成混合物与火源接触时产生闪燃的最低温度即为该可燃液体的闪点。闪点越低,火灾危险性越大。

(3)着火:着火就是可燃物质与火源接触后能燃烧,并在火源移去后仍继续保持燃烧现象。可燃物质发生着火的最低温度称为着火点或燃点。燃点越低的火灾危险性越大。两种燃点不同的物质处在相同条件下当受到火源作用时,燃点低的物质首先着火。

4. 爆炸

爆炸是一种急骤的物理或化学的能量释放过程。在此过程中,物质以极快的速度把其内部所含有的能量释放出来,转变成机械功,光和热等能量形态。所以一旦发生爆炸就可能产生巨大的破坏作用,爆炸是燃烧的一个类型,没性质上的区别,只是燃烧的速度极快而已。

按物质发生爆炸的原因和性质,爆炸可分为物理爆炸,化学爆炸和核爆炸3类。

(1)物理爆炸:指由于物理变化(温度、压力、体积等因素)引起的爆炸,最常见的如蒸气锅炉和高压气瓶爆炸等。其特点在爆炸前后,物质的性质及化学成分均不变。

(2)化学爆炸:是指物质在短时间内完成化学变化,形成其他物质,同时产生大量气体并释放能量的现象。如炸药的爆炸、鞭炮的爆炸。

(3)核爆炸:是物质的原子核发生裂变现象聚变反应,瞬间释放出巨大能量而形成的爆炸现象。如原子弹的爆炸、氢弹的爆炸。

(二)灭火的方法

燃烧必须具备3个条件,就是当可燃物、助燃物、着火源三要素同时存在并相互作用的时候,燃烧才能发生,缺一不可。反过来,也就是说,只要设法破坏其中一个条件,燃烧就不可能发生,或者使燃烧不能进行下去。发生火灾后我们就是利用这种原理实施灭火。

1. 冷却灭火法

冷却灭火法就是将灭火剂喷洒在可燃物上,使可燃物的温度降低到燃点以下,从而使燃烧停止。我们通常最普遍的用水扑灭火灾就是用冷却法的原理(破坏着火源)。

2. 隔离灭火法

隔离灭火法就是将燃烧物与附近可燃物隔离或疏散开,从而使燃烧停止。如森林灭火中常用的挖掘隔离带、列车发生火灾后摘解起火车辆,用的就是隔离灭火法的原理(破坏可燃物)。

3. 窒息灭火法

窒息灭火法就是阻止空气进入燃烧区或用惰性气体稀释空气中的氧含量,使燃烧物质缺乏或断绝氧气而熄灭,如家庭中炒菜锅起火的覆盖灭火,以及使用消防沙灭火,都是利用隔氧阻燃的原理(破坏助燃物)。

4. 抑制灭火法

抑制灭火法就是将化学灭火剂喷入燃烧区参与化学反应,终止连锁反应,从而使燃烧停止。如使用干粉灭火器灭火,干粉与火焰接触时受热分解,产生的自由基或活性基团能发生化学抑制和负催化作用,使燃烧的链反应中断而灭火;同时干粉的粉末落在可燃物表面外,发生化学反应,并在高温作用下形成一层玻璃状覆盖层,从而隔绝氧,进而窒息灭火。另外,还有部分稀释氧和冷却作用。因此干粉灭火充分利用了冷却、窒息和抑制的灭火原理。

(三)火灾的分类

1. 按燃烧物质分类

火灾按燃烧物质分为A、B、C、D、E 5类。

(1)A类火灾:指固体物质火灾。这种物质往往具有有机物性质,一般在燃烧时能产生灼热的余烬。如木材、棉、毛、麻、纸张火灾等。

(2)B类火灾:指液体火灾和可熔化的固体火灾。如汽油、煤油、原油、甲醇、乙醇、沥青、石蜡火灾等。

(3)C类火灾:指气体火灾。如煤气、天然气、甲烷、乙烷、丙烷、氢气火灾等。

(4)D类火灾:指金属火灾。如钾、钠、镁、钛、锆、锂、铝镁合金火灾等。

(5)E类火灾:指物体带电燃烧的火灾。一般指带电设备引起的火灾。

2. 按火灾严重程度分类

按火灾严重程度分为特别重大火灾、重大火灾、较大火灾和一般火灾4类。

(1)特别重大火灾。是指造成30人及以上死亡,或者100人及以上重伤,或者1亿元及以上直接财产损失的火灾。

(2)重大火灾。是指造成10人及以上、30人以下死亡,或者50人及以上、100人以下重伤,或者5千万元及以上、1亿元以下直接财产损失的火灾。

(3)较大火灾。是指造成3人及以上、10人以下死亡，或者10人及以上、50人以下重伤，或者1千万元及以上、5千万元以下直接财产损失的火灾。

(4)一般火灾。是指造成3人以下死亡，或者10人以下重伤，或者1千万元以下直接财产损失的火灾。

二、旅客列车火灾特点

1. 火灾危害大

由于旅客列车车厢内人员集中，火灾发生时，旅客急于逃生，造成人员拥挤堵塞，无法及时疏散，易造成群死、群伤的事故。更为严重的是，燃烧产生的浓烟，大大降低了人的能见度，给逃生增加了困难。车体采用了较多的高分子化合物，若要发生火灾，燃烧使这些物质产生一氧化碳、氨气、一氧化氮、二氧化氮等有毒气体，列车车窗封闭，有毒气体不宜排出，很容易造成旅客中毒死亡或昏迷烧死。如果将车厢两侧玻璃打碎，空气迅速进入燃烧区域，使火势迅速蔓延，给扑救工作带来难度。

2. 火灾扑救难

(1)客车上的电气设备多，火源多，人员复杂，导致发生火灾的因素多。

(2)客车使用的可燃材料多，耐火等级低，一旦发生火灾，车厢内火势以扇形蔓延，扩展迅速，只能在短时间内(约10 min左右)集中力量围歼，否则就贻误战机。

(3)客车在运行中风速大，空气流通，容易在很短的时间内造成火势扩大。

目前，在我国运行的旅客列车中每节旅客车厢大体上配备两具2 kg以上的ABC类干粉灭火器。旅客列车运行途中，发生火灾的地点，多数赶在缺少消防水源和消防器材的区间，公安消防部队不能及时赶到，赶到后，往往因消防车无法靠近铁路而导致施救困难。车厢内的火势不能及时得到控制，就要迅速蔓延扩大，只能在短时间内集中旅客列车上的灭火器进行灭火。如果控制不了,就会造成旅客列车的烧毁,甚至人员的伤亡。

3. 火灾影响广

每列旅客列车乘坐的旅客都在 1 000 人以上,旅客成分不同,既有国内旅客,也有国外旅客,发生火灾后,处置不当,即造成行车事故,也会造成极大的政治影响。

4. 火灾损失多

每辆客车价值几十万元甚至上百万元,旅客的私人财产不说,由于铁路干线受阻,中断铁路运输,导致铁路沿线省、市的工农业生产受到影响,其直接、间接经济损失都无法计算。

2013 年 3 月 20 日,某铁路局在外埠库内软卧起火,虽然没有造成人员伤害,但车体已经报废。图 3-1 为车厢火灾被扑灭后的情景。

图 3-1 软卧车火灾之后报废

三、列车火灾事故解析

客车车厢内的墙板、车地板、天花板和座席及卧铺都是胶合板的可燃材质;地板是木材、沥青、油毡纸;保温材料是聚乙烯泡沫、双组粉(聚氨酯)等高分子材料;窗帘、桌布、地毯、床上物品、座椅罩等装修、装饰材料均为可燃材质。由于客车的特殊空间结构，加上旅客携带品大多为易燃物，致使火灾具有燃烧猛烈、快速蔓延的特点。列车运行的速度与形成风速成正比，车速越快，风速越大，加速氧气供给，加快了热传导和飞火传播，不断增加新的着火点，使燃烧迅速扩大蔓延。列车乘务人员必须懂得本岗位的火灾危险性。旅客列车火灾的危险性主要有旅客携带“三品”上车；列车车厢内吸烟；取暖锅炉缺水；锅炉温度超过 95 ℃；锅炉烧干锅；锅炉缺水超温后突然加入冷水；餐车锅炉超压；茶炉烧干锅；餐车后厨灶台、排烟罩油垢清理不及时；运行中油炸食品及用油量超过容器 1/3；炉灶用油类点火、向灶内泼油助燃；私接电线、违规使用电器、电线裸露、电器设备接触不良；电茶炉缺水；锅炉室、茶炉室、配电室、配电柜、餐车后厨存放易燃物品及杂物；行李车货仓内吸烟、使用明火；货仓内有汽油等易燃易爆物品。

通过国内外各类铁路火灾事故，发现造成旅客列车火灾爆炸事故的具体原因可以分为以下 10 种：一是客车车体电气设备短路、过热等故障引发火灾；二是旅客和铁路职工吸烟不慎引发火灾；三是客车餐车炉灶设备不良、用火不当引发火灾；四是旅客行李包裹内夹带易燃品酿成火灾；五是外来火源引燃车辆；六是人为破坏，蓄意制造爆炸和火灾；七是列车日常管理不善、发生火情处置不当，造成火灾升级；八是对行李车、邮政车管理不善引发火灾；九是车体制造和检修时使用易燃材料；十是发生列车脱轨、翻车等异常事故等其他原因引发火灾。

1. 客车车体电气设备短路、过热等故障引发火灾

近年来，铁路客车电器设备故障引发的火灾事故呈上升趋势，特别是铁路新型客车(空调客车)的迅速发展，大量使用了电器设备，由于部分车体电器设备长久运用质量不良，产生短路或局部过热引起火灾，给客车的防火安全工作带来了新的问题。调查我国及世界各国各类典型客车火灾事故，发现由于电器安装和使用不当，工作人员违章作业引起电气火灾的比例在不断上升，而且近年来随着新型客车数量增多，电器原因造成的火灾比例呈逐渐上升趋势，排在引发旅客列车各类火灾原因的首位。

目前,运用的22型车体制造年份已久,是以48 V直流供电,主要用于照明、轴温测报、电风扇等。其配电盘基材及线端结构不能满足消防规范要求,电气线路的部分绝缘层已老化,由于列车运行中颠簸、震动,极易造成电气设备故障、接线头松动,导致接触电阻过大而发生短路起火等情况。

以25型为代表的新型客车(25B、25K、25G、25T等新型旅客列车)是以220 V、380 V交流供电,主要用于空调、电暖气、电茶炉、照明、电冰箱、电消毒柜等;部分以48 V直流供电,主要用于轴温测报和应急照明。全列用电部位及用电设备多,用电负载大,电气接插点多,易发生送、配电系统和电气设施过热、短路现象。如果管理不严,违章作业极易引起火灾。

2. 旅客和铁路职工吸烟不慎引发火灾

近些年来,旅客列车火灾发生的主要原因集中在旅客和列车乘务员在车上吸烟不慎、违章吸烟、乱扔烟蒂火种,所遗留的火种引燃可燃物造成的。铁路列车乘务员、执法检查人员和铁路差乘人员在软包、餐车、乘务室和车辆过道违章吸烟屡禁不止,造成了极坏的负面影响,助长了旅客违章吸烟。

烟蒂外温为200 ℃~300 ℃,中间温度为700 ℃以上,特别是隐匿吸烟,超员时在过道处、连接处乱扔烟头,更容易点燃垫纸、行包、衣物而造成火灾。

另外,动车组列车属于全封闭式车厢,全列车禁止吸烟,即使在洗手间内或车厢连接处也不能吸烟。

预防措施:乘务室、广播室、配电室、检车工具间、餐车储藏室和行李车、邮政车、发电车内禁止吸烟。乘务人员要对吸烟的旅客和违章吸烟的铁路职工进行劝阻,并以身作则,杜绝违章吸烟。

3. 客车餐车炉灶设备不良、用火不当引发火灾

客车附属的采暖装置(燃煤锅炉和燃油锅炉)、茶水炉和餐车炉灶是火灾安全关键点。因客车炉灶设备不良、操作失误或对炉灶设备管理疏漏引发的火灾事故屡禁不止,虽然近年来随着新型客车数量增

多,22 型车的减少,列车锅炉火灾事故相应减少,但是由于违章使用餐车炉灶、违章作业及管理不善而造成的火灾事故,仍时有发生。主要表现在:违章操作锅炉、茶炉,隔火隔热设备不良,缺水、超温、烧干锅,炉内存有可燃杂物,炉灰不用水浸灭,炼油过量等。

预防措施:

(1)禁止在锅炉、茶炉间堆放可燃物及其他杂物,列车员离开时要关门加锁;禁止在锅炉、茶炉间烘烤衣物。

(2)餐车炉灶台面应保持清洁,定期清除烟筒和排烟罩上的油垢。运行中严禁过油或炼油,厨师油炸食品时,锅内用油量不得超过炒锅的 1/3,防止油溢锅外,餐车炉灶不准使用临时电源吹风助燃。

(3)空调列车的电茶炉要保持清洁,茶炉装置周围不得堆入任何杂物。电茶炉无水时严禁使用,一旦出现故障,应立即切断电源,通知车辆乘务员处理,严禁无关人员拆动。

(4)发电车的燃油炉配件应齐全完好,不漏油、水、烟、电,燃油炉间无杂物,清洁,排水口畅通,严禁明火点火。

(5)乘务人员严禁使用自备的炉具和电热器具。

4. 旅客行李包裹内夹带易燃品酿成火灾

旅客携带或在行李包裹内夹带危险品引起火灾,在全部火灾事故中也是很常见的。由于旅客进站时,“三品”危害性宣传不到位、检查不严、检查有漏洞,使个别旅客将易燃易爆危险品带上车来,车辆运行中由于易燃、易爆品遇车辆振动,受到冲击或遇明火,发生爆炸。

预防措施:车站要加强旅客进站时“三品”检查和宣传工作,杜绝旅客将易燃易爆危险品带上车;列车运行中,对查获和旅客主动交出的易燃易爆危险品要做好记录,妥善保管,交前方停车站处理;对判明不了性质的,严禁在车上进行试验;发现车厢内有旅客违章携带容器破碎易燃液体溢出时,乘务人员应立即动员旅客熄灭一切火种,及时打开车窗通风,并将溢出的易燃液体清除干净,剩余的要妥善处理。乘务人员和乘警要及时发现可疑人员,防止携带爆炸品破坏车辆、炸伤旅客。

5. 外来火源引燃车辆

外来火源主要归纳为以下5种情况:

(1)内燃机车或动车组排气系统过热喷出的高温颗粒烟油火种,可能引燃车顶可燃物。

(2)接触网电击车顶人或动物,引燃车顶可燃物。

(3)列车通过公路立交桥时,从公路高架桥上通过的车辆和行人掉落的烟蒂等火种,落在车顶上引燃车顶可燃物。

(4)铁路沿线两侧高坡烧荒的飞火飞入车厢,引燃可燃物。

(5)列车制动时闸瓦摩擦车轮和新型客车制动盘抱死摩擦喷射出火星,可能引燃列车底板。

预防措施:定检内燃机车和动车组时,应清理干净排气系统内油垢;铁路公安应加强沿线治安管理,列车停靠时,乘务人员应注意流浪、乞讨人员等重点人,制止其扒乘列车;车辆制造和检修时,车顶应使用阻燃材料;严禁在铁路两侧焚烧垃圾等可燃物。

6. 人为破坏,蓄意制造爆炸和火灾

人员高度集中的客车,有可能成为骗保险或盗窃分子蓄意破坏、制造火险的场合,也有可能成为恐怖分子、不法之徒利用纵火、爆炸以报复社会,制造政治影响的场所。有时对盲流、顽童管理不善,对精神病人防范不到位。

预防措施:车站认真执行"三品"检查工作,防止破坏分子携带爆炸品上车;旅客列车上要加强治安检查,尤其对人员高度集中的客车,应按规定巡检,及时查堵和发现可疑分子,以防作案。同时重点加强对盲流、顽童的管理,加强对列车上精神病人的安全防范。

7. 列车日常管理不善、发生火情处置不当,造成火灾升级

列车乘务员违反防火安全的规章规定作业造成火险,部分列车的防火管理工作存在形式化,防火预案不健全。列车员和车辆乘检人员对火情判断不准、应急处理方法不当,扩大了火灾的损失;由于日常缺少模拟训练,遇到火情后心理素质和业务素质较差,易发生忙乱现象。

预防措施:不断强化列车乘务人员防火安全意识,结合实际制定

列车防火预案。尤其对列车“三乘一长”要严格要求。加强出乘前、终到后的“三乘联检”和列车在运营途中的巡视，认真填写防火台账。对临时客车，在开行前要认真对车辆设备进行检查，保证“临客”安全。客车车底、备用客车在车站、车辆段、客技站或其他地方停放或停留时，应制定看守措施，明确责任，落实到人，严加看守。坚持列车上模拟消防演练，完善防火预案，提高列车乘务人员心理素质和操作技能。

8. 对行李车、邮政车管理不善引发火灾

行李车、邮政车由于设备和承运品不良，引发火灾；另由于管理不善，工作人员脱岗，发现火情较晚，处理火灾能力较弱，造成火灾升级。

预防措施：邮政车、加挂车纳入列车防火安全管理。邮政车、行李车货仓要留有安全通道，宽度不小于 0.5 m，不得堵塞端门。邮政车、行李车严禁使用明火或电炉烧水做饭，未经主管部门和公安消防机构同意严禁擅自增设使用各种电器。

9. 车体制造和检修时使用易燃材料

车体结构、车内装饰、导线包皮材料难燃性低。客车制造和大、中修尚缺乏严格定型的消防技术规范，使用易燃材料多，其车体内的壁板、顶板、座椅、地板等大量使用未经阻燃处理的木板、胶合板或高分子材料，以及毛毡、软木、聚乙烯泡沫等易燃防寒保温衬垫材料，其潜热比同等体量的建筑物约大 8 倍。22 型客车易燃可燃用材在 3 000 kg以上、综合热值相当于 400 kg 汽油；25 型客车内部主材料完全燃烧能产生 6 600 MJ 热量，并伴生大量毒性燃烧气体。客车运用材质中，硬木材燃点是 280 ℃，软木 250 ℃，聚乙烯 400 ℃。发生火灾后，产生大量 CO、HCN、SO_2、NO_2 等有毒有害气体和大量烟雾，使人中毒或窒息。

预防措施：车辆制造时和进行定检修程时应符合消防规定，考虑防火因素，未来的新型车辆还应考虑设计发生紧急情况时的逃生窗口。鉴于制造方面所存在的问题，给运用中的列车带来了可能发生火灾的更多隐患，所以运用中要加强巡检工作，以防范为主。

客车主车体由金属材料制成，一般列车的车内装饰材料及座椅、床及床上用品、行李均为可燃材料，遇到电火花或旅客吸烟乱丢烟头柴梗，会引燃这些可燃物。

10. 发生列车脱轨、翻车等异常事故等其他原因引发火灾

有来自外部危及客车消防安全的因素。如列车冲撞后起火；受施工不安全因素影响而脱轨起火；列车由于其他原因脱轨，引发火灾。

预防措施：车站值班员和行车调度人员加强作业指挥，杜绝违章指挥，避免行车事故。

造成旅客列车火灾的因素还有很多，有些火灾因素不易发现，不仅需要列车乘务全体人员提高火灾防范意识，还需要车站值班人员、检车人员、机车司机、道口工及线路巡检等人员共同配合，及时发现火情和隐患，防微杜渐。

四、旅客列车火灾的预防

1. 落实防火安全岗位责任制

建立以列车长、乘警长、车辆乘务长、餐车主任等为成员的列车防火领导小组，组成以乘警、列车员、检车乘务员为成员的义务消防队。并依靠全体乘务人员严格落实列车防火安全措施。督促、检查、组织落实客车各工种、岗位防火安全制度和消防安全操作规程；定期组织客车全体乘务人员学习消防知识，进行防火安全教育和消防训练。组织开展客车始发前、运行中、终到后的防火安全检查，督促整改火灾隐患；组织乘务人员做好对旅客的防火宣传和携带危险品的检查处理；发生火灾后组织乘务人员按“灭火应急方案”开展扑救，疏散旅客并协助公安消防人员调查起火原因。

2. 建立客车防火档案

运营列车乘务组均应建立客车防火档案。客车防火档案应全面、客观反映乘务组开展防火工作的基本状况，卷内应当材料完整、表格规范、内容准确、如实反映班组防火工作的实际情况。档案由列车长负责填写和保管，出乘时随车携带。

3. 加强客车防火安全检查

坚持“三乘”联合检查制度，“三乘”人员应根据各自的分工在列车始发前、运行中、终到后进行三次联合防火检查。列车终到后要对全车进行彻底检查，特别注意阴暗角落，防止遗留火种、火源，并做好检查记录，同时与接班班组做好交接。

在旅客列车车门口，乘务员要加强严禁携带危险品上车的口头宣传。列车上要成立由列车长负责，列车乘警和客运乘务人员、检车乘务人员参加的安检工作小组，负责对旅客列车的危险品的安检工作。

4. 加强职工消防知识培训

旅客列车是人员聚集的场所，一旦发生火灾事故极易造成重大人员伤亡和造成严重、恶劣的政治影响。加强全体乘务人员对消防常识的学习工作，牢记有关消防规章、制度，具备一定的消防知识，熟悉、掌握基本的防火、灭火技能，真正做到：平时能防火，一旦发生火灾能迅速、妥善、正确处理，将火灾损失减少到最低限度。各单位的职教部门要组织乘务人员进行消防知识和灭火常识的培训，考试合格发证后方可持证上岗。

5. 加强客车车辆的维修和检查

客运乘务人员始发前按“三乘联检”的要求，认真检查设备状态，发现问题及时通知检车乘务人员进行处理，列车运行中认真巡视，发现问题及时通知检车乘务人员及时处理设备故障和隐患。

6. 加大监督机关的消防检查力度

近几年来，旅客列车火灾事故屡有发生，造成重大人员伤亡、经济损失和严重的、恶劣的政治影响，引起了各级领导的重视。各级安全监察部门和公安消防机构应加强列车防火安全监督检查力度，及时发现问题，督促整改，避免火灾事故的发生。

五、客车消防有关要求

(1)铁路客车的消防安全管理工作，由铁路局客运、车辆、行邮等单位和部门负责，贯彻执行消防法律、法规和规章，制定旅客列车消防安全管理制度,组织消防安全培训,开展消防安全检查,落实逐级消防安全责任制和岗位责任制,消除火灾隐患,确保客车安全。铁路公安消防机构和安全监察部门依法实施监督检查;各乘警支队依法实施第三级消防监督。

(2)客车按规定采用阻燃或非金属材料,其燃烧性能和产烟毒性必须符合国家和铁路有关技术标准。

(3)列车乘务人员(含邮政车人员)岗前必须经过专门的消防知识培训,必须懂得本岗位的火灾危险性;懂得预防火灾的措施;懂得扑救火灾的方法。熟练掌握本岗位的安全操作技能和防火、灭火知识,考试合格,持证上岗。

(4)旅客列车乘务人员在发生火灾时,必须会报警、会使用灭火器材、会扑救初起火灾和会疏散旅客逃生。

(5)旅客列车的车厢内和发电车、餐车、行李车、邮政车、广播室、乘务员室、车辆工具间、宿营车,为禁烟禁火部位,并按规定悬挂禁烟、禁火标志。

(6)客运部门负责旅客列车禁止吸烟场所的管理、张贴禁止吸烟警示标志和禁止吸烟的宣传工作。

(7)车辆部门负责旅客列车上检查孔、天棚盖的锁闭,锁具必须良好和在指定部位设置吸烟器具。

(8)公安部门负责对在旅客列车上拒绝、阻碍列车工作人员劝阻吸烟的,以及对使用暴力、威胁方法无理取闹的,依照《中华人民共和国治安管理处罚法》处理。

(9)餐车工作人员应经常清除炉灶烟筒、排烟罩和后厨设施上的油垢,需拆卸清除部分(排气扇、烟帽)由车辆部门负责清理;固定部分排气扇孔内、烟囱内的积垢由客运部门负责清理。拆卸、清理必须每月(1～6 日)进行一次。完成后,双方在餐车积垢清理簿上签字确认。

(10)停用的炉室、煤箱客运部门负责清扫干净后,移交给车辆部门用三角锁锁闭或采用其他方式进行施封。移交时,双方要签字确认。

(11)未安装客车轴温报警装置的客车，严禁编入旅客列车。列车运行途中严禁关闭轴温报警装置和火灾报警装置。

(12)旅客列车上排风孔的防寒罩、卧铺车的窗帘、床罩、地毯、空调车的座席罩及通过台处的防寒垫应配置永久阻燃材料，不得使用可燃材料和用阻燃剂浸染过的材料。

(13)旅客列车运行途中，客运乘务人员应按规定使用电气设备，并监视客车上各种报警设备，发现危及行车安全故障和报警时，应立即采取应急处理措施并通知车辆乘务员。

(14)旅客列车库内停留时，除检修需要外，严禁使用空调电气设备、电风扇、电茶炉、电冰箱、应急灯、电气化厨房等电器设备。

(15)旅客列车在库内、站外停留时，燃煤锅炉、燃煤茶炉、餐车炉灶及空调列车采暖打温，应由客运部门派人看守；采用燃煤锅炉采暖的行李车、邮政车，采暖期间由使用单位负责看守。停留车内严禁吸烟和动用明火取暖。

六、旅客列车各主要工种防火安全职责

1. 列车长

(1)负责领导管理列车防火安全工作，贯彻上级有关消防工作部署和要求，接受上级的消防检查。

(2)主持召开防火领导小组会议，总结分析、安排布置防火工作。记载、保管防火台账。

(3)认真落实“三乘联检”、“巡检”制度，消除火灾隐患，及时制止违反消防管理行为。

(4)组织乘务人员学习防火知识，提高乘务人员的岗位防火安全管理技能，采取多种形式向旅客宣传防火防爆知识，落实“三品”查堵工作。

(5)列车发生火灾时，启动火灾事故应急预案，做好组织抢救伤员、疏散旅客和扑救工作。

2. 列车员

(1)负责本车厢内的防火、防爆宣传工作,坚守岗位,落实各项防火制度和措施。

(2)按规定正确操作用火用电设备和灭火器材、安全锤,发现故障立即向列车长报告。

(3)经常巡视车厢,及时对在车厢内吸烟的旅客进行劝阻;提示旅客不在空调列车电气周围堆放可燃物品和烘烤衣物等行为,保持车厢内及车门通道畅通。

(4)掌握防火、灭火知识和易燃易爆危险品的种类、性质、识别方法,参加"三品"查堵工作。

(5)列车发生火灾时,应首先切断电源,开启应急照明设备,疏散旅客,及时扑救。

3. 广播员

(1)负责广播室内的防火安全,熟悉广播设备性能,遵守操作规程,室内保持清洁,无杂物碎纸。

(2)室内禁止无关人员进入,控制广播机使用时间,离人及时切断电源,锁好广播室门。

(3)广播计划要有防火安全宣传内容,定时、定区段向旅客宣传列车防火安全知识和旅客应急自救常识。

(4)熟悉防火、灭火知识,发生火灾时,按列车长的部署,及时广播,传达命令。

4. 供水员(锅炉焚火工)

(1)认真执行焚火安全作业程序,随时观察锅炉水温、水位状态,严禁缺水点火。

(2)认真检查烟囱石棉层是否脱落,炉体、地板、阀门、开关是否损坏,发现问题及时报告。

(3)保持炉室内清洁,无杂物,加煤时要认真检查有无爆炸物,严禁用易燃液体引火助燃。

(4)炉室门离人锁闭。

5. 餐车长

(1)负责餐车防火工作，督促餐车人员落实防火制度和措施。

(2)监督检查后厨人员及时清除炉灶、烟囱、排烟罩、炉台、墙壁等处的油垢，并填记除垢记录。

(3)组织餐饮售货人员熟练使用各种安全设备和灭火器材，接受消防检查。

(4)认真检查炉灶和电气设备，发现隐患及时报告。严格落实值班看守制度。

(5)组织餐车有关人员开展防火、灭火知识培训，定期进行餐车应急方案的实战演练。列车发生火灾时，按预案做好应急处置。

6. 厨师

(1)在餐车长的领导下，严格执行炉灶和食品加工的防火制度，正确使用各种设备，预防和消除食品加工过程中的火灾危险。

(2)严格按操作规程使用炉灶，及时发现炉灶、蒸饭锅炉和其他用电设备隐患。

(3)掌握防火、灭火知识，严格落实炉灶操作规程和餐车值班制度。

(4)及时清理油垢，保持后厨清洁。

7. 行李员(邮政工作人员)

(1)严格遵守监装监卸制度，熟悉掌握易燃易爆危险品的分类，防止夹带易燃易爆危险品的行包上车，发现“异味、异状”情况，及时报告。

(2)制止装卸、押运人员在行李仓内吸烟，向押运人员宣传防火注意事项，做好身份登记，收缴保存火种。

(3)货物摆放整齐，通道畅通，遵守锅炉焚火操作规定，安全使用紧急制动阀和灭火器。

(4)熟悉防火、灭火知识，行李(邮政)车发生火灾时，迅速扑救，立即报告。

七、旅客列车火灾应急处置

1. 人员分工

旅客列车发生火灾或爆炸时,由列车长负责组织指挥列车乘务员扑救工作,成立四个组,分工负责,责任落实到人,迅速进行扑救,减少人员伤亡、财产损失。

(1)灭火组:由班组值班人员组成,负责灭火,控制火势,传递灭火器材和拆破工具。

(2)疏散组:由班组休班人员和车辆乘务员组成,负责疏散旅客,做好现场防护,并保证列车移动时的旅客安全。

(3)抢救组:由班组休班人员组成,负责抢救伤员、抢救财物。

(4)警戒组:由列车乘警负责,负责保护现场,调查起火原因,控制重点嫌疑人。列车广播员、供水员要及时转达列车长的指挥,传递信息。

2. 列车上发生初起火灾或小火时的处理方法

列车上发现初起火灾或小火时,列车乘务人员要沉着冷静,准确判断燃烧物的起火点和物品的属性,区分情况果断处理。

(1)本车厢乘务员发现(接报)火情后,对小火,根据起火情况和本身力量,灵活运用扑救措施。

①对垃圾、纸屑、旅客携带品、车厢设备等轻度燃烧和冒烟时,可就地取材进行扑救,如采取扑打、水浇、湿物覆盖等措施,也可拿至安全地带再行灭火。

②火情较大时,应立即拿取灭火器,对准起火点根部抵近喷射灭火,及时控制住火势,避免火险扩大,安抚并组织旅客远离火源。

③火情较为严重时,要立即通知邻近车厢乘务员向发生火情车厢传递灭火器,并通知就近人员迅速将火情情况传递给列车长、检车人员和乘警。

④如电器线路起火,应立即切断电源,夜间开启应急照明设备。

(2)车厢内发生火情时,一定要稳住旅客情绪,严禁旅客惊慌跳车，并将旅客迅速向两侧车厢疏散。

(3)发现厨房油锅起火时，立即用锅盖盖住油锅，将火窒息，切不可用水扑浇或用手去端锅，以防造成热油爆溅、灼烫伤人和扩大火势。如果油火撒在炉台或地面上，可立即使用灭火器扑灭，或用灭火毯、湿毛巾等湿物捂盖灭火。发现厨房圆心筒抽油烟处冒烟起火，应立即使用灭火器对准火苗根部喷射灭火。

(4)火情处理完毕后，由列车长组织乘务人员对旅客做好安抚工作，稳定旅客情绪。

(5)列车长根据现场情况做好安排，组织“三乘”人员做好发生火情的调查工作，并将信息及时反馈到段有关部门。

3. 列车上发生火灾、爆炸事故时的具体处置措施

旅客列车发生火灾、爆炸时应坚持“四十字”应急处置方案，即：立即停车、疏散旅客、迅速扑救、切断火源、设置防护、报告救援、抢救伤员、保护现场、协助查访、认真取证。这是列车火灾扑救预案制定的基本依据，这十句话不可按部就班，应灵活运用。全体乘务人员在列车发生火灾、爆炸后，必须按照分工坚守岗位，不得擅离职守。

(1)立即停车。运行中发生火灾或爆炸时，本车厢和相邻车厢乘务员应立即拉动紧急制动阀，但停车时应避开桥梁、隧道。

(2)疏散旅客。紧急制动停车后，列车乘务人员应迅速组织旅客疏散到邻近车厢，或组织旅客在无邻线的一侧下车，同时向列车长、乘警报告。

(3)迅速扑救。在疏散旅客的同时，利用现有条件迅速扑救。列车长、乘警要立即指挥列车灭火组人员及其他工作人员进行扑救。并通知各车厢乘务人员封锁车厢，严禁旅客下车、跳车、窜车厢，防止其他意外事故发生。

(4)切断火源。协助车辆、机车乘务员和运转车长迅速将起火车厢与列车分离，切断火源，防止火势蔓延。

(5)设置防护。列车分离后，运转车长和机车乘务员要迅速设置防护。运转车长负责指挥拧紧车辆人力制动机。

(6)报告救援。列车长、乘警或运转车长要尽快向所在地铁路局客运调度或行车调度报告事故概况。报告内容要准确、简明，车次、时间、地点、火情及初步伤亡情况要报告清楚，并根据事故程度请求救援。

(7)抢救伤员。在疏散旅客、迅速扑救的同时，组织对受伤人员积极抢救。

(8)保护现场。发生事故后，要注意保护好现场。列车乘务人员要采取措施做好宣传工作，稳定旅客情绪，维护秩序，以免发生混乱。

(9)协助查访。列车长及列车乘务人员要积极协助公安机关提供线索、调查情况，掌握事故发生的原因。

(10)认真取证。乘警应及时掌握事故情况，走访第一发现人，起火部位邻近人，调查取证，追查当事人，认定火灾原因。

列车在区间发生火灾时，当上级领导和公安消防机构未到达前，火灾扑救工作由列车长组织指挥，其他人员应密切配合。火灾扑灭后，列车长、乘警长、车辆乘务长要对起火部位进行全面检查、确认，在保证安全的情况下，列车方可继续运行。列车在车站发生火灾时，扑救工作由车站站长组织指挥；车底在库(线)内发生火灾，扑救工作由车辆段领导组织指挥。

4. 列车火灾火情严重时的逃生疏散方法

在列车发生火灾火情时，必须尽快将旅客疏散转移并远离火场，以最大限度保证旅客人身安全。逃生疏散必须在列车长的统一指挥下有步骤的进行，应坚持邻车转移优先、车下疏散为辅、紧急逃生为需的原则，避免人员疏散时发生混乱，扩大伤害范围和影响疏散效率。

(1)邻车转移。旅客列车每节车厢内都有一条宽约 80 cm 的人行通道，车厢两头有通往相邻车厢的端门。当某一节车厢内发生火灾时，应迅速使用紧急制动阀停车，被困人员应在列车工作人员的组织下，有秩序地通过车厢两端互连通道转移到相邻车厢。

(2)车下疏散。在列车火势较猛，转移速度较慢或者火势有向邻车厢蔓延趋势时，乘务人员应打开无线路侧车门，帮助未撤离车厢的被困人员向外疏散。

(3)紧急逃生。旅客列车车厢内的车窗一般装有双层玻璃。当起火车厢内火势不大时,列车乘务人员应告诉旅客不要开启车厢门窗,以免大量的新鲜空气进入后,加速火势的扩大和蔓延。当车厢内的火势较大且车厢两端疏散受阻时,可组织被困人员使用紧急破窗锤或坚硬物品将车窗玻璃击碎(一般先敲碎玻璃窗四角,后砸中间,动车组列车应击砸红色标记点),尽量破窗逃生。

(4)分割列车。旅客列车车厢起火威胁到相邻车厢时,应采取摘钩分离车厢的方式,切断火源,防止火势蔓延。具体方法如下:前部或中部车厢起火时,先停车摘掉起火车厢与后部未起火车间之间连接车钩,机车牵引向前行驶一段距离后再停下,摘掉起火车厢与前面车厢之间的车钩,再将其余车厢牵引到安全地带。尾部车厢起火时,停车后先将起火车厢与未起火车厢之间连接车钩摘掉,然后用机车将未起火车厢牵引到安全地带。采取摘钩方法分离列车时,应选择在平坦路段进行。列车分离后,运转车长和机车乘务员要迅速设置防护。运转车长负责指挥拧紧车辆人力制动机,实施止轮,防止溜车。

第三节　劳动安全

劳动安全是指以保障从业人员在劳动生产过程中的安全与健康为目的的工作领域及在法律、技术、设备、组织制度和教育等方面所采取的相应措施。其主要包括:制定劳动安全规章制度,开展从业人员劳动安全培训教育,进行劳动安全监督检查和隐患整治,配发劳动防护用品,组织伤亡事故调查等工作。认真贯彻落实铁路总公司、铁路局劳动安全工作重点,坚持"安全第一,预防为主"的安全指导方针,牢固树立以人为本的安全管理理念,把劳动安全摆在一切生产劳动中的重中之重的地位不动摇,全面落实劳动安全各项规章制度和措施,切实履行劳动安全管理职责,确保从业人员安全、健康。

一、日常安全

日常安全要求各单位、各部门严格落实劳动安全管理职责，加强职工劳动安全教育，特别是对“三新”人员要坚持岗前安全培训，考试合格后方可上岗的原则，抓日常安全管理，是保证安全工作长效久安的基础。

1. 劳动安全日常培训教育

劳动安全培训教育是提高从业人员安全意识和自我防护能力，确保从业人员人身安全的根本措施，是劳动安全重要的基础工作。培训教育要以劳动安全基本知识、规章制度、风险点控制、有关事故案例等为主要内容。

对新入段、新换岗和使用新技术的人员必须按规定进行段、车队和班组三级安全教育，要合理安排培训内容，保证培训时间和质量，确保新员工掌握必要的安全知识和技能。三级安全培训教育结束后，必须集中组织严格的考试，认真检查和测试新员工掌握安全知识的情况。

职工劳动安全教育应做到：

(1)对新职、转岗、晋升人员，必须进行“三级”(站段、车间、班组)劳动安全教育，未经考试合格不准上岗作业。

(2)特种作业人员必须经过专业劳动安全培训，经理论、实作考试合格取得规定的操作证，持证上岗。

(3)各单位每年对干部、工人进行一次全员劳动安全的培训教育考核，不合格者不准上岗。

2. 劳动安全年度培训

每年必须对全部在岗人员开展一次劳动安全培训教育和考试。要明确考试范围、考试时间，让员工做好充分准备，认真按时参加考试。切实抓好安全培训教育，杜绝以考代培和以考代教的现象。年度全员安全培训教育的内容包括安全生产新知识、新技术，安全生产基本规章制度、措施办法和标准，作业场所和工作岗位存在的不安全危险因素，防范措施及事故处理应急措施，事故案例等。要结合各岗位实际，提高全体员工的安全意识和自我保护能力。

3. 劳动安全季节性培训

根据运输生产的季节性或阶段性特点，必须在冬季和暑期作业条件变化前，以冰雪天气安全防护、防暑降温、防护用品使用和机动车驾驶等为重点，对有关人员进行有针对性的安全培训教育。做到一人不漏全员参加，对不按期参加培训考试的必须进行补培补考，成绩不合格的不能上岗。

对班组安全防护员、汽车班机动车驾驶员等与伤亡事故密切相关的人员，要进行重点安全培训教育。

二、作业安全

列车乘务人员的作业安全要贯穿于整个乘务作业，从出乘前的休班准备、折返站的保休，以及退乘回家都要时时刻刻遵守相关安全作业规定，把安全坚持于整趟乘务作业的始终。

1. 出乘前安全准备

(1)出乘前要做到充分休息，不得做过于疲劳的劳动或激烈的文体活动，以充沛的精力，良好的情绪和健康的身体担当乘务工作。

(2)出乘前、乘务中及外地休息，不准饮酒，不暴饮，不暴食，不食用不洁的食物，以利身体健康。不准去不健康的娱乐场所及网吧等，不准在公寓外过夜。

(3)出乘前应准备好个人应用物品，穿戴规定服装、鞋帽，因病、事不能乘务时，应及时通知有关领导。

(4)出乘点名后、始发站、折返站、途中、入库作业、退乘点名等上岗、换班、退乘要由列车长组织集体列队往返。严格执行自、互控制度，防止单独行动发生意外。

(5)外埠库停期间，列车长要亲自看车并做好安全预想，制定安全措施。看车的乘务员必须坚守岗位，不准离、串岗。遇有特殊情况必须外出时，须经请假批准后，三人以上集体行动，并指定一名安全负责人,随时与车长保持通信联系。

(6)乘务员出乘必须携带岗位培训合格证书等。

2. 在站内、库内作业劳动安全

(1)在站内、库内通行必须走天桥或地道,如无此设备,在横越线路或道口时要认真执行“一停、二看、三通过”制度,严禁钻爬车底,跨越车钩。

(2)顺线路行走时应走路肩,不走轨心、轨面和轨枕头,并随时警觉前后列车。禁止在运行中的机车、车辆前抢越线路。小型机动车通过平过道时必须有人引导。

(3)上煤、上下卧具、上货等汽车、手推车在横越道口时,要认真执行“一停、二看、三通过”的安全制度,要有专人引导,确认两端无机车车辆运行时方可迅速通过,在站台行走、停留时应站在安全白线以内,运行速度不得超过 5 km/h,严禁开快车,用手推车上煤、上货或上卧具时,作业完了要立即离开车体。

(4)列车出入库时,列车长应派专人负责监视站台、车门和人员的安全状态,严防抢上抢下、飞乘飞降、车门外抓乘等意外的发生。甩挂车作业悬挂安全警示牌,指定专人监控,防止连接处掉人。

(5)库内停留时,禁止从无登车梯的车门处上下,以免摔伤。

3. 乘务员出入场及车门管理劳动安全

(1)列车到站前做好出场准备,整理好衣帽、带好手套,冬季手要擦干。确认站台方向试开车门、检查煤箱门的锁闭状态,向旅客做安全宣传,待列车停稳时打开车门。下车时要把住扶手、站稳车梯,严禁飞降,并注意站台及线路旁的障碍物及车梯的冰雪、杂物等,以防滑倒摔伤。

(2)入场时,要做到铃响站白线,铃止登车,车动关门、加锁、出站台检查四门、瞭望,防止车门漏锁,及时发现抓车旅客。在没有电铃车站及乘降所或夜间行车,要执行口笛或喊号乘降制,遇有其他不良条件时要安排双口笛或喊号乘降,严禁抓车飞乘。

(3)列车在非乘降车站或区间临时停车时,乘务员要坚守车门,向旅客说明是临时停车，并维护好车内秩序，需要下车时要注意桥梁、隧道、涵洞及其他障碍物，在复线区间必须在列车运行方向的左侧车门下车，同时密切监视列车，防止漏乘。

(4)机次端门、行李车、邮政车、餐车与客车相连接的端门由本车厢列车员负责，餐车侧门由餐车长负责。餐车后厨侧门、端门及防护栏由厨师长负责，客车两端防护栏，由列车长负责并加锁。

(5)列车的锅炉、茶炉室离人时必须加锁，不用时及时封闭。添煤、清灰时应先将车厢内端门关闭。

4. 列车运行中乘务员劳动安全

(1)在列车运行中，列车的端部和尾部应设全封闭的防护栏，并加锁，机次的通过台处车门、端门必须加锁，禁止人员在通过台处逗留。

(2)禁止在运行中打开车门乘凉和探身瞭望及清扫车梯，不准开车门或窗户倒垃圾、炉灰等。

(3)在车内通行或作业时，要走稳，手要随时把扶或身体紧靠固定物体，以防列车紧急制动或晃动时摔伤，不要手扶门框、风挡。关门时，要"一看、二关"，以防挤伤旅客。

(4)取送开水时，水桶(壶)应有相应的防烫、防溢措施，暖水瓶应有防倒圈(架)。倒开水时，应接杯，不倒过满。

(5)车内进行登高作业时，脚要踏实、站稳、手要把牢固体、不得就高跳下，整理行李架时，要摆放平稳、牢固、较重的物品、锐器、杆状物品、玻璃制品等应放在座席下。

(6)使用锅炉和茶炉时，要经常检查锅炉是否满水、各种阀门作用是否良好。焚火时要注意煤中是否有雷管等爆炸物。侧身向炉内投煤，打开炉门观察时，面部要先远离炉门，防止呛火烧伤面部。背对煤箱时，要先确认煤箱的锁划是否划好，有脱落的危险时应事先采取安全措施，防止煤箱盖突然掉下伤人。

(7)锅炉点火时严禁从邻车锅炉取煤火，不准从车门、车窗处倒炉灰、煤石等物，要严格按照规定处置。炉室内禁放可燃物。

(8)禁止用明火解冻上下水管道及厕所,列车停电时禁止用明火照明。

(9)经常向旅客宣传安全常识、防火防爆知识,防止挤、烫、摔、砸、坠等意外伤害事故的发生。认真查堵“三品”,防止旅客携带易燃易爆等危险品上车,造成列车火灾爆炸事故。

(10)按规定要求使用电器设备。

(11)冬季要及时清理通过台、车梯、扶手和翻板的冰雪。清扫时,用拧干的拖布擦抹通过台,注意防止结成浮冰,禁止水冲。

(12)乘务人员对列车上出售或旅客自带的硬包装食品(如白酒瓶、啤酒瓶、罐头瓶和玻璃瓶包装的饮料等)要做好登记、宣传和及时回收,防止向车外抛掷伤人。

(13)值乘中严格执行“四个一”制度(即:坚守岗位一刻不离,作业程序一项不漏,标准化作业一项不简化,文明用语一字不差)。

(14)出库客车“两炉一灶一电”消防器材、车门锁必须设备齐全,作用良好,同时做好登记。经常向旅客宣传消防常识并熟知“三懂四会”的内容。

(15)电动车门一旦出现故障,要立即通知检修人员检修,同时要采取有效的应急监护措施,防止发生意外。

(16)懂得列车“四大部件”(灭火器、人力制动机、紧急制动阀、轴温报警器)的性能、位置及使用方法。

5. 折返站看车人员劳动安全

(1)车体停留期间,看车和车上休息人员一律不准下车。

(2)车体出入库时,车内人员必须停止一切登高作业。必须登高时,要站稳、把牢,防止摔伤。

(3)清理车体内闲杂人员,所有车门一律关闭、加双锁管理。

(4)车上人员用餐需要到库外买饭时,列车长指派 2 人以上同行,做到同去同归,严禁违规横越线路,必须横越线路时,要有人防护。禁止钻车、跨越车钩、与运行的机车车辆抢行。

(5)严禁饮酒、打牌及其他违法违纪行为。

6. 公寓保休人员劳动安全

(1)从折返站去公寓时,必须集体列队,按规定路线图行走,无人行通道时,有天桥,必须走天桥,无天桥时,有平交道口,必须走平交道口,队伍前后必须有专人防护,必须做到"一停、二看、三通过",经指定通道进出站,出入库。

(2)乘务员只允许在公寓及指定就餐点就餐,坚决禁止饮酒、列车长随时检查监控。

(3)乘务员按指定房间和铺位休息,不准在房间内饮酒、赌博、打牌、下棋。

(4)公寓休息期间,乘务员实行 2 人请假签字同行制,限定时间,做到同去同归,并随时与列车长保持电话联系,归来后及时销假。

(5)站台等候列车出库时,乘务员不准聚堆闲谈,来回走动,注意列车过往,保证人身安全。

第四节　旅客安全

旅客持有效客票自进站加剪开始至到达终点站缴票出站止,遭受非自身责任和外来剧烈及明显的意外伤害,均按旅客意外伤害处理。持免费乘车证的旅客,符合上述条件的也按意外伤害处理。旅客安全就是要保证旅客在车站候车和乘车旅行过程中不发生人身伤害事故以及财产损失。因此旅客安全是实现铁路经济效益和社会效益的最重要的关键因素。旅客列车运输安全是铁路生产的生命线。因此,搞好旅客运输安全有着十分重要的现实意义。

一、旅客安全防范

旅客在旅行过程中,要向旅客做好安全宣传及安全引导,铁路工作人员有权对危及旅客安全的行为进行制止,确保旅客在旅行过程中的安全。

旅客安全防范工作要从检票进站时起至到站出站时止,铁路有义

务确保其乘车旅行安全。为保证旅客的旅行安全,铁路工作人员需要做以下防范工作:

(1)旅客应当接受并配合铁路运输企业在车站、列车实施的安全检查,不得违法携带、夹带匕首、弹簧刀及其他管制刀具,或者违法携带、托运夹带烟花爆竹、枪支弹药等危险品、违禁物品。旅客进站乘车、出站应当接受铁路工作人员的引导。

(2)铁路运输托运人托运货物、行李、包裹时不得有下列行为:

①匿报、谎报货物品名、性质;

②在普通货物中夹带危险货物,或者在危险货物中夹带禁止配装的货物;

③匿报、谎报货物重量或者装车、装箱超过规定重量;

④其他危及铁路运输安全的行为。

(3)旅客或托运人无正当理由拒绝检查时,在车站,安检人员可以拒绝其进站或运输;在列车上,则由列车工作人员通知乘警依法进行检查。因拒绝检查而影响运输的,由旅客或托运人负责。对怀疑为危险物品,但受客观条件限制又无法认定其性质的,旅客或托运人又不能提供该物品性质和可以经旅客列车运输的检测证明时,铁路可以不予运输。

(4)站车查出危险品时,按下列规定处理:

①在车站发现超过旅客限量携带规定的少量有危险性质的生活用品,可以由旅客选择交由送站亲友带回或放弃该物品;

②旅客拒绝按本条前款规定处置危险物品或站车发现属于严禁携带和托运的危险品、违禁物品时,应将物品及旅客、托运人交公安部门处理;

③列车检查发现的鞭炮、拉炮、摔炮、发令纸类的危险品应立即水浸销毁。

(5)发现危险品或国家禁止、限制运输的物品,妨碍公共卫生的物品,损坏或污染车辆的物品,按该件全部重量加倍补收乘车站至下车站四类包裹运费。危险物品交前方停车站处理,必要时移交公安部门处理。对有必要就地销毁的危险品应就地销毁，使之不能危害并不承担任何赔偿责任。没收危险品时，应向被没收人出具书面证明。

(6)列车发现精神异常旅客时，应重点关注，并按规定交到站或下车站妥善处理。列车运行途中，旅客有同行成年人的，应要求其同行成年人看护；无同行成年人时，应指派专人看护。必要时，可安排在适当位置看护。

车站发现进站乘车的旅客精神异常时，可不予其进站乘车，并为其办理退票手续。

(7)对违反国家法律、法规，在站内、列车内寻衅滋事、扰乱公共秩序的人，站、车均可拒绝其上车或责令其下车；情节严重的送交公安部门处理；对未使用至到站的票价不予退还，并在票背面做相应的记载，运输合同即行终止。

二、旅客人身伤害分类

旅客人身伤害按程度分为以下3种：

(1)轻伤：伤害程度不及重伤者。

(2)重伤：肢体残废，容貌毁损，视觉、听觉丧失及器官功能丧失。具体参照司法部颁发的《人体重伤鉴定标准》。

(3)死亡。

三、旅客伤害事故处理

(一)现场救护

(1)列车上发生旅客人身伤害时，列车工作人员应当到场查看旅客伤害情况，报告列车长组织救护，稳定人员情绪，维护现场秩序。

(2)发生旅客人身伤害、需要保护现场时，应当及时采取措施保护现场，禁止与救援、调查无关的人员进入。必要时，可请求地方政府协助。

(3)列车通过广播在车厢内寻找医务人员，并通知列车“红十字”救护员携带列车急救箱赶到现场，配合医务人员对受伤旅客进行急救。对重症旅客列车长应当及时通知前方站，联系当地医疗急救机构做好抢救准备。

旅客列车急救药箱内的医疗器械应备有听诊器、血压计、体温计，医疗用品有止血带、三角巾、绷带，药品应备有心脏急救、消炎、止痛、晕车药及外伤药等。

(二)收集旁证

(1)发生旅客人身伤害后，列车长应当及时组织现场查验，全面搜集、梳理相关证据资料，检查旅客所持车票的票种、票号、发到站、车次、有效期及有效身份证件信息等，描绘现场旅客定位图，收集不少于两份同行人或见证人的证言及查验记录、现场照片、录像等其他相关证据，形成比较完整的证据链，能够证明发生的过程和原因，初步明确性质，并妥善保管。

证人应当具有完全民事行为能力。证人证言中应当记录证人的姓名、性别、年龄、地址、联系方式、有效身份证件信息等内容。有医务工作人员参加救治时，应当由其出具参与救治经过的证言。证言、证据应当真实，能够反映发生的时间、地点、过程、原因和结果。

(2)旅客或第三人能够说明事件发生经过或责任的，应当由其出具书面材料，并签字确认。

(三)受伤害旅客的移交

(1)因旅客伤害需交车站处理时，应移交前方县、市所在地车站或者当地具备公共医疗条件的停车站；需要提前报告运行所在铁路局客运调度时，由客运调度通知车站做好救护准备工作。

(2)旅客不同意在规定的停车站下车处理时，应当由旅客出具拒绝下车治疗的书面声明，并收集两份及以上证人证言。

(3)列车向车站移交伤害旅客时，车站不得拒绝接收。办理移交手续时，列车应当编制客运记录和旅客携带物品清单一式两份，一份由列车存查，一份连同车票、证明材料、相关证人或其联系方式等一并移交。客运记录应载明日期、车次，旅客姓名、性别、年龄、国籍、民族、职业、单位、有效身份证件号码、联系方式、住址，车票种类、号码、发站、到站、车厢、席位，受伤地点、受伤原因、受伤部位，处理简况，以及证据材料清单等内容。

(4)因时间来不及记明事件概况和收集证据材料时，可在客运记录中简要记明日期、车次、下交原因，并必须在3日内向处理单位补交有关材料。特殊情况来不及编制客运记录时，列车长或其指定的专人应随同伤害旅客下车办理交接。涉及第三人时，应将第三人同时交站处理。对已经控制的违法、犯罪嫌疑人，应当及时移交车站铁路公安派出所。

(四)事后处理

1. 事故上报

列车发生旅客人身伤害时，可用电话向所在单位或上级主管部门报告概况；但发生重伤以上旅客人身伤害时，应在第一时间以短信方式向所属铁路局主管部门报告，随后向有关铁路局主管部门拍发速报，并逐级向上级主管部门和宣传部门报告。

报告(含速报)内容主要包括：

(1)发生日期、时间、车次、地点、车站、区间里程。

(2)伤亡旅客的姓名、性别、年龄、国籍、民族、职业、单位、有效身份证件号码、联系方式、住址以及车票种类、号码、发站、到站、车厢、席位等基本情况。

(3)发生经过、旅客伤亡及现场处理简况。

2. 车站后期处理

(1)经医疗部门或公安机关确认死亡，车站应当转送殡仪馆存放(在此之前，车站应将尸体转移至适当地点并派人看守)，并尽快通知其家属。尸体存放原则上不超过10日。死者身份不清且在地(市)级以上报纸刊登寻人启事后10日仍无人认领的，应当根据铁路公安机关书面意见处理尸体；系不法侵害所致的，应当根据铁路公安机关书面意见并商死者家属意见处理尸体。

(2)对死者的车票、衣物、随身携带物品等应当妥善保管，并于善后处理时一并转交其继承人；死者身份不明或者家属拒绝到站处理的,按无法交付的物品处理。

(3)发生医疗费用时,应当根据对责任的初步判断,属于旅客自身责任或第三人责任的,由旅客或第三人支付医疗费用。暂不能区分责任或者责任人不明、无力承担的,经处理站站长或者车务段段长批准,可用站进款垫付。动用站进款时,填写或补填"运输进款动支凭证"(财收—29),10日内由核算站或车务段财务拨款归还。

(五)其他有关规定

(1)列车因旅客伤害严重需紧急停车处理或发生3人以上疑似食物中毒的,应立即报告运行所在铁路局客运调度。接到报告后,客运调度应当立即根据列车长提出的要求,通知有关车站及值班主任(列车调度员),需要停车处理的停车处理,并报告本铁路局客运处。

(2)列车发现旅客在区间坠车时应当立即停车处理,并通知就近车站或将受伤旅客移交就近车站。需要防护时,按有关规定处理。在站内或区间线路上发现有坠车旅客时,发现或接到通知的车站应当迅速通报有关列车。有关列车接到通报后,应当立即调查。

不具备停车条件或者迟延发现的,列车长应当报告运行所在铁路局客运调度,客运调度员接到报告后立即通知值班主任,值班主任通知相关列车调度员和铁路公安局指挥中心,由列车调度员和铁路公安局指挥中心分别通知邻近车站及车站铁路公安派出所派人寻找。列车运行至前方停车站时,列车长应拍发电报,向发生地和列车担当铁路局主管部门报告。

四、旅客伤害事故责任与赔偿

旅客伤害事故责任与赔偿,应严格按照《铁路旅客人身伤害及携带品损失处理暂行办法》和《关于加强铁路旅客人身伤害及携带品损失调查处理工作的通知》有关规定办理。

1. 旅客伤害事故调查与责任

(1)铁路旅客运输过程中(自旅客进站检票时起至出站检票时止)发生的铁路旅客人身伤害及携带品损失,由发生地或处理站所在地的铁路安全监督管理办公室(客运专业管理部门)组织处理站或其上级主管部门、铁路公安派出所或其上级铁路公安机关、相关专业管理部门等开展调查工作,了解相关情况,确定责任主体,提出处理意见。

(2)下列情形造成的铁路旅客人身伤害及携带品损失,依据有关法律法规由相关部门组织调查。

①因铁路交通事故造成铁路旅客人身伤害及携带品损失的,依据《铁路交通事故调查处理规则》由相关部门组织调查。

②属于铁路公安机关管理职责范围的,由铁路公安机关组织调查。

③旅客食品安全事故调查处理由铁路食品安全监督管理办公室负责,并依据有关法规规定程序执行。

(3)发生旅客轻伤且旅客同意现场调解、责任明确的,可由处理站(段)会同铁路公安派出所,发生单位,旅客、第三人或其代理人等共同处理。

(4)在铁路安全监督管理办公室(客运专业管理部门)组织调查过程中,相关单位或人员应当按要求及时提供相关证据资料。

旅客人身伤害及携带品损失可能涉及设施设备、列车运行等原因的,应当通知有关管理单位。被通知单位接到通知后,应当按要求在5日内提交有关证据材料。

(5)在旅客人身伤害及携带品损失调查中,涉及旅客或第三人责任,且旅客、第三人或其代理人没有异议的,应当在有关调查报告中载明,并经其签字确认后,作为善后处理的依据;旅客、第三人或其代理人不予认可的,可告知其协商解决或通过司法途径处理。

(6)铁路安全监督管理办公室(客运专业管理部门)在调查中,对涉及铁路运输企业责任的,应按发生原因、铁路运输企业及其各部门职责等确定责任单位;两个以上单位都负有责任时,可以列两个以上单位的责任。

(7)铁路运输企业责任中客运部门责任分为车站责任和列车责任。

遇下列情形之一的,车站应当承担相关责任:

①旅客持票进站后或下车后出站前,因车站组织不当造成人身伤害的。

②车站引导标志缺失或不准确,误导旅客造成其人身伤害的。

③车站设施设备不良造成旅客人身伤害的。

④车站在停止检票后继续检票放行或检票放行时间不足,致使旅客抢上列车造成人身伤害的。

⑤车站组织不当造成旅客上车时发生人身伤害的。

⑥因车站客运工作人员违章作业、过失造成旅客人身伤害的。

⑦有理由认定属于车站责任的。

遇下列情形之一的,列车应当承担相关责任:

①车门漏锁致旅客坠车造成人身伤害的。

②列车工作人员过错致旅客误下车、背门下车、在不办理乘降的车站(包括区间停车)下车、列车运行中开启车门造成人身伤害的。

③列车组织不当或列车工作人员违反作业标准,致旅客乘降时造成人身伤害的。

④列车客运工作人员对设备管理不善造成旅客人身伤害的。

⑤列车客运工作人员违章作业、过失造成旅客人身伤害的。

⑥有理由认定属于列车责任的。

(8)发生原因基本确定,但由于发生单位或相关设施设备管理部门未及时搜集或未妥善保管相关证据资料,导致不能确定责任主体时,发生单位或相关设施设备管理部门应承担相应责任。

列车需将伤病旅客交站处理,调度部门因信息处置或安排停车不及时,车站因推诿或未及时联系医疗机构影响救治的,可将调度部门、车站与责任单位共同列为责任主体。

(9)对责任划分有争议时,铁路安全监督管理办公室(客运专业管理部门)应将调查报告、案卷、处理意见等有关资料报发生、责任、处理单位共同的上级主管部门或其授权的主管部门裁决。

发现定性不准确或处理不符合规定的,上级主管部门可以责令重新审查或纠正。

(10)确定铁路运输企业责任后，铁路安全监督管理办公室(客运专业管理部门)应当及时出具“铁路旅客人身伤害及携带品损失定责通知书”，交善后处理工作组，并于10日内寄送责任单位及其上级主管部门。

(11)铁路安全监督管理办公室(客运专业管理部门)工作人员应当符合铁路运输安全行政执法人员的任职条件，参加培训并经考核合格后取得相应的任职资格，持有行政执法证件，在规定的管辖范围和相应的专业分工范围内，严格按照规定程序进行调查处理工作，正确履行职责。

(二)旅客伤害事故赔偿

受伤旅客临床治疗结束或死亡旅客遗体处理完毕，工作组应当根据铁路安全监督管理办公室对责任确定情况，核实各项费用及授权委托书、亲属关系证明等有关证明后，涉及铁路运输企业责任的，尽快按有关法律规定与旅客或其继承人、代理人协商办理赔付。

医疗费用应根据实际产生或后续治疗需要，凭治疗医院单据或建议核定。旅客需转院治疗时，应与处理单位协商一致，并经治疗医院同意。

残疾赔偿金应根据有关鉴定机构出具的旅客人体损伤残疾程度鉴定意见，或者根据旅客受伤程度，比照有关人体损伤残疾程度鉴定标准所对应的残疾等级，按照有关标准计算。

办理赔付时，编制“铁路旅客人身伤害及携带品损失最终处理协议书”，经各方确认、签字或加盖处理单位公章后，将赔偿金依据法定顺位支付给旅客或其继承人、代理人，旅客或其继承人、代理人出具收据交处理单位。

根据责任确定情况，处理旅客人身伤害所发生的赔偿金及其他费用，由责任单位承担；无法确定责任单位的，由发生单位承担。

需向责任单位或发生单位转账时，由处理单位所属铁路局财务部门开具“转账通知书”，连同“铁路旅客人身伤害及携带品损失最终处理协议书”转送责任单位或发生单位所属铁路局财务部门。

责任单位或发生单位所属铁路局财务部门应当在收到“转账通知书”等材料次日起 30 日内将费用转拨至处理单位所属铁路局；超过 30 日的，每超过 1 日，按应付费用的 0.5%支付滞纳金。

旅客人身伤害是旅客自身原因或第三方造成时，铁路运输企业在垫付相关费用后，可向旅客或第三方追偿。

旅客在法定时限内索赔且能够证明伤害是在铁路旅客运输过程中发生的，受理单位应及时通知发生单位，并本着方便旅客的原则，移交旅客就医所在地车站或旅客发、到站处理，被移交站应当受理。发生单位应当在 10 日内搜集并向处理单位移交相关证据材料。

复习思考题

1. 电气化铁路附近发生火灾，灭火时须遵守哪些规定？
2. 旅客列车发生火灾、爆炸时的“四十字”扑救法是什么？
3. 旅客列车消防工作“三懂四会”的内容是什么？
4. 什么是劳动安全？
5. 发生旅客人身伤害时，编制客运记录向车站移交，客运记录需载明哪些内容？
6. 发生旅客人身伤害时，应向上级汇报哪些内容？
7. 遇哪些旅客伤害，列车应当承担相关责任？

第二篇　专业知识和技能

第四章　旅客列车安全管理

第一节　乘务安全

一、车门管理

为满足旅客乘车需要，旅客列车车厢设有不同类型的车门，按其部位和用途区分，设在车厢端部风挡处的门称为“外端门”，设在内端墙上的门称为“内端门”，设在客室与小走廊之间的门称为“隔门”或称“走廊门”，餐车两侧供上下餐料使用的门称为“边门”，行李车货仓两侧装卸行包使用的门称为“货仓门”，把供旅客上下车乘降使用的侧门称为“车门”。

列车乘务员开关车门、通过端门时，要做到“扶、拉、转、看、观”（手扶门把、拉开车门、转身或通过端门、看门四边、确认后关门），并向旅客宣传不手扶门边、门缝；脚不站风挡、渡板连接处；手、头、脚不要伸出车外，防止挤伤、砸伤、碰伤。

1. 常见的车门种类

在车厢各门中，旅客乘降的车门是保障旅客乘车安全的第一道防线，列车乘务员必须严格按照车门操作规程和使用规定管理车门。

目前我国列车上的车门大致可以分为折页门和塞拉门两种，普通客车多使用折页门，部分新型列车则采用了塞拉门。塞拉门可分为电控气动塞拉门和手动塞拉门两种。由于塞拉门设计上只有车门上面一个悬挂点受力,因此,该门在使用中承重严禁超过 90 kg,否则车门将被挤飞出去。如果车上超员太多,过道门边挤满了人,如果列车过弯道,离心力会造成设备和人身伤害。

2. 塞拉门安全管理办法

(1)自动塞拉门的列车,在列车起动关闭门及出站后要及时锁闭保险锁。

(2)认真执行"全列集中控制,停开动关锁,出站台四门检查"制度。列车进站按规定时间、位置到岗打开保险锁,停稳开门。密切监视车门开闭状态。

(3)始发终到站全列实行一车一门开启制。终到站,列车员必须在列车到达前 5 min 到达边门处开启营业站呈锁闭状态的车门控制开关(暗锁或保险锁),掌握车门状况,清理车门通道,组织旅客下车。

(4)加强车门的管理和日常养护,严禁在自动门开启情况下用水冲洗,确保车门随时保持正常良好状态。运行中发现旅客倚靠和挤迫车门时,乘务员应及时劝阻,严禁大件物品堆靠车门处。

3. 车门安全管理

车门管理是列车乘务员的主要工作之一。列车运行中,首先是加强车门管理,严格执行车门管理制度,认真执行停车开门、车动关门加锁(锁闭车门要严格四道程序:锁后加划,以防漏锁;锁后试拉,以防滑锁;相互检查,以防假锁;巡视检查,以防他人开锁)、出站台四门检查瞭望制度。遇有临时停车和不办理客运业务的技术作业站,应坚守岗位,做好宣传,加强巡视确保车门锁闭,看守车门,严禁旅客上下车。遇有线路中断等非正常停车,按照上级主管部门的指令,做好宣传、服务工作,确保旅客生命财产安全;列车在较大车站停车时,锁闭卧车端门;严防和严禁旅客从背面车门下车。

列车在无站台车站停车的乘降组织:认真进行四门瞭望,确认车站方向;及时锁好背门,严禁旅客从背门下车;确认邻线无列车通过、无危及人身安全障碍物后,方可组织旅客下车;旅客上下完毕,乘务员立即上车。

车门锁失灵或运行中出现车门自动打开时，应立即采取措施，并及时通知检车员处理，防止发生意外；遇有列车临时停车时要做好宣传，加强巡视，看管好故障车门，确保车门锁闭，严禁旅客上下车。车门故障若不能及时修复时，应关闭故障车门，启用临时车门。车体出入库洗刷，要坚守岗位，必须锁闭车门，列车长要加强巡视，防止车门漏锁或敞门出入库。

餐车走廊边门、厨房后门，要有专人管理；与机车连接的客车前部端门、行李车端门锁闭；列车前后部车厢端门及餐车后厨房边门有防护栏。

必须及时打扫通过台及车门悬梯上的结冰积雪，使其经常保持整洁干燥，防止旅客滑倒摔伤。

列车进站时提前五分钟到岗试开车门，车停稳后下车组织旅客乘降。立岗时有进站口的车站，列车员面对进站口；无进站口的车站，第一个车门的列车员面向车尾，其余列车员面向机车。

为防止旅客列车运行中因风力、列车晃动或紧急制动，造成车内各门惯性关闭夹伤、碰伤旅客，要做到以下几个方面：

(1)门锁、门止、门碰头必须保持作用良好。运行中开启的端门必须卡入门止锁，处于落锁状态。乘务室门、厕所门处于关闭落锁状态。软卧车列车员要及时提醒旅客完全关闭或开启包房门，严禁包房门处于半开半关状态。及时劝阻旅客不要紧靠车厢端门站立和在车厢风挡连接处逗留。防止列车在会车、制动时产生的风力和惯性造成车门突然关闭夹伤旅客。

(2)对等候如厕的旅客，列车乘务员要及时提醒旅客注意安全，不要将手扶在门框处，关门时注意身后旅客，防止夹伤。

(3)严格落实旅客列车“三乘联检”制度，始发前、运行中加强对各种百叶窗、天窗、配电室(箱)锁闭状态的检查，确保锁闭良好。

(4)对旅客携带的儿童要及时提醒监护人注意安全，对无陪同人的重点旅客要重点照顾。

二、乘务管理

列车乘务工作是旅客运输的重要环节,列车乘务服务工作的好坏直接影响到铁路旅客运输的声誉、形象。因此要不断提高服务质量,满足旅客不断提高的旅行需求,适应旅客运输市场竞争的需要。

(一)旅客列车乘务组的组成

旅客列车乘务组由客运、车辆、公安乘务人员组成。列车的乘务工作由列车长统一领导,车辆、公安乘务人员按照各自的职责规定,配合列车长共同搞好乘务工作。

客运段应根据具体情况,制定各次列车的作业过程,并建立以岗位责任制为中心的各项管理制度。

列车乘务组根据交路实际需要采用轮乘或包乘制,列车乘务(包乘、轮乘)制度的确定,应有利于服务质量的提高,车辆设备的保养及劳力合理使用。

动车组列车客运乘务组由 1 名列车长和 2 名列车员组成,动车组重联时,按两个乘务组配备。编组 16 辆的动车组按 1 名列车长和 4 名列车员配备。对以上运行时间较长的动车组可适当增加客运乘务人员。

(二)乘务组的主要工作

(1)使车内经常保持整齐清洁、设备良好、温度适宜、照明充足。

(2)通告站名,组织旅客安全乘降,及时妥善安排旅客座席、铺位。

(3)对老、幼、病、残、孕、首长、外宾等重点旅客做到重点照顾。

(4)维护车内秩序,保证安全正点。

(5)做好饮食供应工作。

(三)乘务组织制度

1. 出退勤制

列车乘务员在本段出乘时,要按规定时间由列车长带队到派班室报到,听取派班员传达有关事项。列车长并应摘抄有关电报、命令、指示。

到达折返站或由折返站出乘时，列车长必须向当地客运段派班室报告乘务工作，接受任务。

每次乘务终了，列车长应召开班组会议，总结并向派班室汇报往返乘务工作情况，提出书面乘务报告。

2. 趟计划制

列车长每次出乘前应编制趟计划，趟计划在乘务报告中显示，其主要内容有：

(1)本次乘务工作中的重点工作安排。

(2)对贯彻上级规章、命令、指示、通知的具体措施。

(3)上次乘务工作中的优缺点及改进措施。

(4)针对接车所发现的问题，应采取的措施。

3. 验票制

为保证旅客安全、准确的旅行，维护铁路运输秩序和铁路收入，除列车员车门验票外，在列车内还应检验车票。车内的验票工作由列车长负责组织实施，由乘警、列车值班员等有关人员配合。验票原则上每 400 km 一次，运行全程不足 400 km 的列车应查验一次，特殊区段由列车长决定查验次数的增减。

(四)动车组乘务管理

(1)客运乘务组承担服务旅客、处理票务、检查列车保洁、餐饮工作质量等工作。发生影响旅客安全问题时，客运乘务组应当立即采取有效措施，保护旅客安全。

(2)运行时间在 3 h 以内的列车，一般只播迎送词、服务设备介绍、安全提示、站名和背景音乐。运行时间超过 3 h 的列车，可在不干扰旅客休息的前提下，适当增加播放内容。列车旅客信息服务及影音播放系统播放的内容应由客运部门提供，由车辆部门录入。

(3)动车组发车前，由列车长确认旅客乘降完毕后，根据不同车型要求通知司机或机械师关闭车门。动车组重联运行时，由两组列车长互相确认旅客乘降情况后，运行前方第一组的列车长负责通知司机或机械师。

(4)列车长出乘除携带电报、客运记录、处理票务等必要的设备和处理业务资料外,其他纸质资料台账不携带上车。动车组列车运行中,列车长无须向添乘领导汇报工作。

(5)客运乘务人员配手持电台。动车组列车始发前,列车长的手持电台均应设置在频道1(CH1)与随车机械师、乘警或司机进行通话联络。运行途中,列车长需与列车员通话时,转为各自的专门频道进行通话。通话完毕,应转回频道1进行守候。

(6)列车多功能室只能用于照顾伤、病旅客,存放少量服务备品,由客运乘务人员管理,其他人员不得占用或改作他用。

(五)乘务安全管理

1. 乘务安全

(1)车门管理。坚持“停开、动关、锁,出站台四门检查瞭望”制度。临时停车坚守岗位,做好宣传、加强巡视,确保车门锁闭,严禁旅客上下车,遇有线路中断等非正常停车,按照上级主管部门的指令,做好宣传、服务工作,确保旅客生命财产安全;列车停站锁闭卧车端门;餐车走廊边门、厨房后门锁闭,有专人管理;与机车连接的客车前部端门、行李车端门锁闭;列车前、后部车厢端门及餐车后厨房边门有防护栏。

(2)危险品查堵。爆炸品、易燃品、其他危险品俗称“三品”。重点区段、乘降所、春运期间和有特殊任务时,乘警和列车有组织的开展危险品检查。查堵“危险品”的基本方法主要有:一宣、二看、三闻、四摸、五问。

宣:宣传国家有关旅客乘坐车、船的安全规定,提高遵守规章制度的自觉性。

看:看旅客的职业。如油漆工、开采矿工等。

闻:用鼻闻,有无异常气味。

摸:整理的行包中用手触摸发现情况。

问:通过询问了解。

列车上查获的危险品由值乘乘警妥善保管,移交最近前方停车站公安派出所处理,车站不设公安派出所的,则由列车长编制客运记录,移交车站处理。对发令纸、鞭炮类的危险品，应立即浸水处理。检查危险品时，严禁使用明火照明和做试验。

(3)乘务员在上下车时，要紧握扶手，不飞乘飞降。列车运行中严禁开车门乘凉、探身瞭望及清扫垃圾。高空作业时，要身系安全带，梯子有人扶，物品不下掷。

(4)行李架上的物品应摆放得平稳、牢固，做到大不压小、重不压轻、方不压圆、长横短竖，较重的物品、锐器、杆状物品、玻璃制品等应放在座位下面。

(5)给旅客倒水时，要站稳、接杯、不倒满，做到"三不准"(壶嘴不对准旅客，水杯不准从旅客头上传递，水壶不准放在茶几和过道上)，送开水的桶(壶)有套，嘴有帽，防止烫伤，保温桶要加锁。

(6)列车过大桥、隧道时，列车员应一宣传(通告注意事项)、二锁闭(厕所)、三关闭(车窗)、四巡视(车厢)。

(7)宣传和劝导旅客不得在禁烟车厢内吸烟，允许吸烟的车厢和地点必须保证烟灰缸设置齐全，并劝导旅客不要乱扔烟蒂和火种。列车工作人员不准在乘务室、工具间、配电间、餐车储藏室等禁烟部位吸烟。

(8)广播室禁止无关人员逗留或擅动设备，不准吸烟，不准堆放与工作无关的杂物。

(9)严禁闲杂人员进入乘务室，乘务员进入乘务室后，严禁关门。离开乘务室时，必须加锁。乘务室内严禁乱扔杂物，必须保持清洁卫生，各类备品应放置整齐定位。

(10)客车车底在车辆段、客技站或其他停放线停留时严格管理，留有看守人员，并派巡逻守护。做好三关一熄：关门、关窗、关电(灯)、熄灭火种，防止发生火灾。

(11)应经常向旅客宣传安全常识，劝阻旅客不要站在车辆连接处，不要手扶门框、风挡，不要将头、手伸出窗外，不要向车外抛物。

(12)列车运行中，列车员应宣传阻止旅客向窗外乱扔空瓶、杂物，对车厢内的空瓶(罐)要及时回收。

2. 人身安全

(1)客运人员在接班前,必须充分休息,保持精力充沛。严禁在接班前和工作中饮酒。

(2)通过线路时,应走天桥,地道、平过道,并严格执行“一停、二看、三通过”制度,严禁钻爬车底,跨越车钩。顺线路行走时应走路肩,不走轨心、轨面和轨枕头,并随时警觉前后列车。禁止在运行中的机车、车辆前抢越线路。

(3)严禁摸黑开关电器设备,防止触电。

(4)不准飞乘飞降和穿铁钉鞋,不赤足穿鞋及穿高跟鞋工作。

(5)冬季遇雨雪天气,要及时清理连接处和车梯上的泥、雪、冰,防止滑跌。

(6)从事餐茶供应及食品销售人员,必须认真执行《中华人民共和国食品卫生法》,防止食物中毒。厨房禁止闲杂人员入内。必须加强餐车边门管理,严禁靠在厨房边门口及安全栏杆上休息乘凉。餐车服务员端饭端菜,必须使用托盘,行走平稳、大方,防止汤汁、盘碗对人身的伤害。

第二节　危险品查堵

一、危险品的概念及分类

1. 危险品的概念

危险品是指具有易燃、易爆、毒害、腐蚀、放射性的物品和传染病病原体及枪支、管制器具等可能危害公共安全的物品。具体品名以国家有关法规和铁路发布的《危险货物品名表》、《铁路旅客运输规程》等规定的品名为准。

2. 常见危险品种类

(1)爆炸品:雷管、传爆助爆管、导爆索、导火索、火帽、引信、炸药、烟火制品(礼花、鞭炮、摔、拉炮等)、点火绳、发令纸、硝酸铵、氯酸钾。

常见爆炸品如图 4-1 所示。

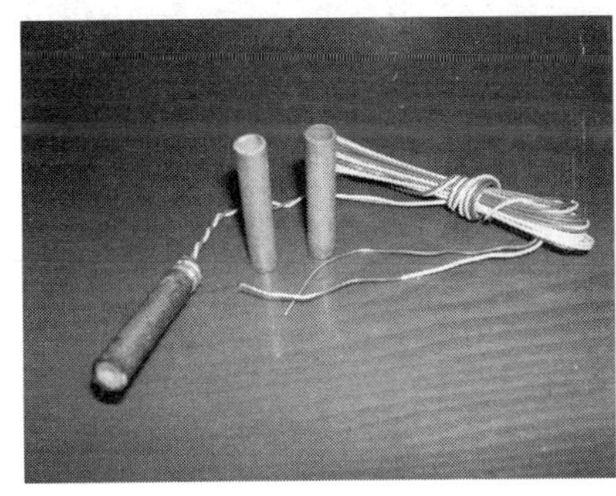

(a)雷管

(b)鞭炮

图 4-1　常见爆炸品

(2)压缩气体和液化气体：甲烷、乙烷、(压缩、液化的)丙烷、丁烷、打火机、微型煤气炉用贮气罐、气体杀虫剂。常见压缩、液化气体如图 4-2 所示。

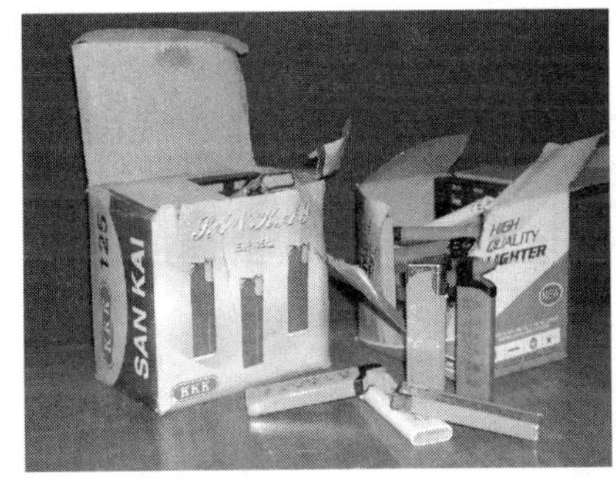

(a)气体打火机 5 个以上

(b)气体杀虫剂

图 4-2　常见压缩、液化气体

(3)易燃液体：汽油、酒精、去光水、引擎开导液、鸡眼水、染皮鞋水、打字蜡纸改正液、强力胶、汽车门窗胶、橡胶水、脱漆剂、环氧树脂、油漆、皮革光亮剂、显影液、印刷油墨、煤油、樟脑油、松节油、松香水、擦铜水、纽扣磨光剂、油画上光油、刹车油、防冻水、柴油。常见易燃液体如图 4-3 所示。

(a)机油

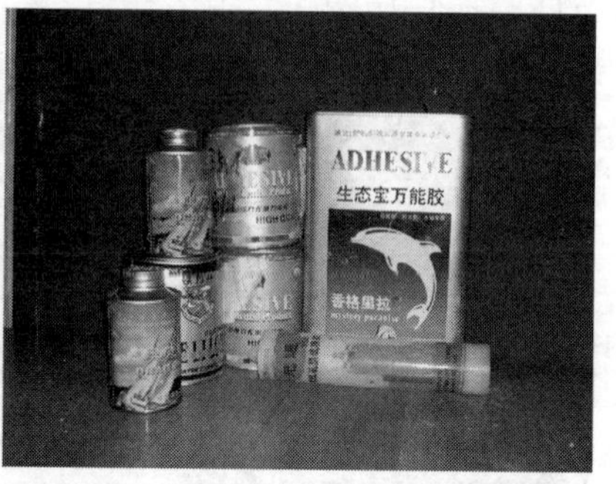

(b)万能胶

(c)印刷油墨

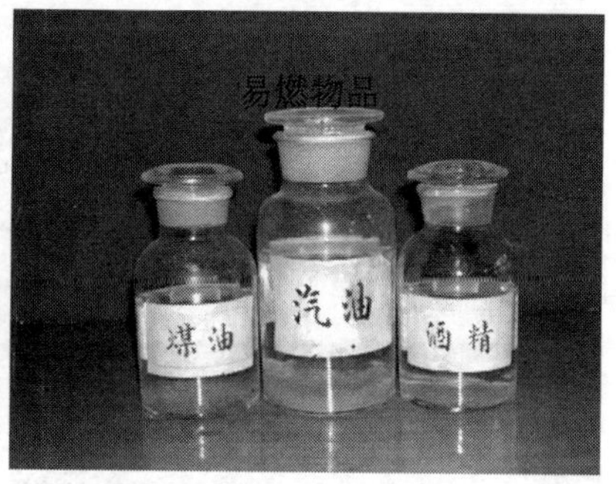

(d)汽油、煤油、酒精

图 4-3 常见易燃液体

(4)易燃固体:红磷、硫黄、火补胶。

(5)自燃物品:黄磷、油布。

(6)遇湿易燃物品:金属钠、镁铝粉。

(7)氧化剂和有机过氧化物:过氧化氢(双氧水)、硝酸铵、氯酸钾。

(8)毒害品:氰化物、砷、赛力散、灭鼠安(含各类鼠药)、敌百虫等杀虫剂、灭草松、敌稗等灭草剂。

(9)放射性物品:夜光粉、发光剂、放射性同位素。

(10)腐蚀品:硝酸、硫酸、盐酸、苛性钠。

(11)传染病病原体:乙肝病毒、炭疽菌、结核杆菌、艾滋病病毒等。

(12)枪支、械具(含主要零部件):

①公务用枪：手枪、步枪、冲锋枪、机枪、防暴枪等。

②民用枪：气枪、猎枪、小口径射击运动枪、麻醉注射枪等。

③其他枪支：仿真枪、道具枪、发令枪、钢珠枪、催泪枪、电击枪、消防灭火枪等。

④具有攻击性的各类器械、械具：警棍、催泪器、电击器、防卫器、弓、弩等。

(13)管制刀具：匕首、三棱刀(包括机械加工用的三棱刮刀)、带有自锁装置的弹簧刀(跳刀)以及其他相类似的单刃、双刃、三棱尖刀。枪支及管制刀具如图 4-4 所示。

(a)枪支

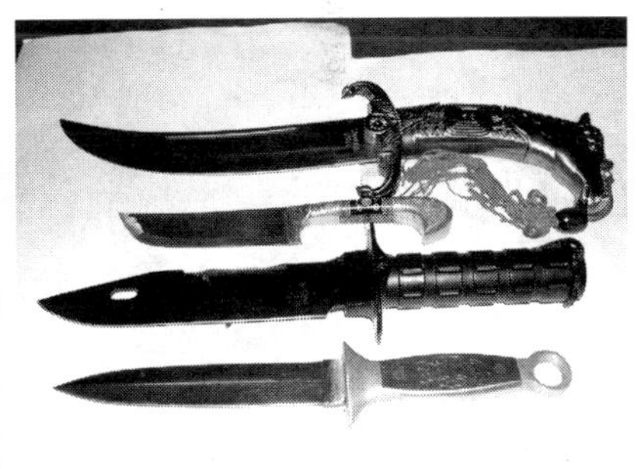

(b)管制刀具

图 4-4　枪支及管制刀具

二、禁止携带物品

下列物品不得带入车内：

(1)国家禁止或限制运输的物品。

(2)法律、法规、规章中规定的危险品、弹药和承运人不能判明性质的化工产品。

(3)动物及妨碍公共卫生(包括有恶臭等异味)的物品。

(4)能够损坏或污染车辆的物品。

(5)规格或重量超过规定的物品。

三、限制携带物品

为方便旅客的旅行生活，限量携带下列物品：

(1)气体打火机 5 个，安全火柴 20 小盒。

(2)不超过 20 mL 的指甲油、去光剂、染发剂。不超过 100 mL 的酒精、冷烫精。不超过 600 mL 的摩丝、发胶(图 4-5)、卫生杀虫剂、空气清新剂。

图 4-5　摩丝、发胶

(3)军人、武警、公安人员、民兵、猎人凭法规规定的持枪证明佩带的枪支子弹。

(4)初生雏 20 只。

四、危险品检查

铁路部门应当在车站和旅客列车，以广播、图形标志、电子显示、文字提示等各种方式，向铁路旅客、货主宣传运输安全方面的法律法规，对危险品的品名和限量携带物品的品名、数量应进行公布。

在旅客列车车门口，乘务员要加强严禁携带危险品上车的口头宣传。列车上要成立由列车长负责，列车乘警和客运乘务、检车乘务人员参加的安检工作小组，负责对旅客列车的危险品实施安检工作。

查堵“危险品”可采用“一宣、二看、三闻、四摸、五问”的方式，发现可疑物品时应当开箱(包)检查。实施人工检查时,一般应由旅客自己打开行李包裹或携带物品,必要时可由检查人员进行重点开包查验,但应尽量保持旅客物品完好。因检查不慎损坏物品时,应当按有关规定,经安检领导小组认定并区分责任后进行赔偿,应由安检部门赔偿的,在事故损失性费用中列支。旅客或托运人申明所携物品不宜接受公开检查的,安检人员应根据实际情况,在适当场合检查。

旅客或托运人无正当理由拒绝检查时,携带或托运物品疑似为危险物品,但受客观条件限制又无法认定其性质的,旅客或托运人又不能提供该物品性质和可以经旅客列车运输的检测证明时,在车站应拒绝其进站或运输,在列车上应终止其旅行或托运,由列车长编客运记录,交前方停车站处理。

五、危险品的处理

在列车上查出的危险品,应予没收,查出的危险品由值乘的乘警保管,对发令纸、鞭炮类的危险品,应立即浸水,在列车最近前方停站时,交车站处理。车站设公安派出所的,由乘警按站车交接程序向派出所移交;车站不设公安派出所的,则由列车长编制客运记录,移交车站处理。对查出携带危险品的旅客由公安部门依照规定给予治安处罚。

第三节　锅炉焚火安全

冬春运期间正处在严寒冬季,为了使客车的车厢内保持适宜的温度,使旅客在旅行中舒适、愉快,在车厢内设有取暖装置。使用取暖装置的人员,须经培训合格后方可独立工作。

一、取暖装置的种类

目前,铁路客车的采暖方式可以归纳为 3 种:一是空调制暖,如各型动车组列车均采用这种方式,其优点是恒温稳定,车厢温度均匀,制暖效果好。二是电采暖,即通过电加热取暖器使车内空气受热,空气温度徐徐上升,以保持车内达到一定的舒适温度。三是使用燃煤锅炉取暖,对于没有稳定电力供应的非空调列车和部分空调列车,仍采用这种采暖方式。

铁路使用燃煤锅炉采暖方式的客车全部采用独立温水供暖装置,主要分为以下 3 种:

(1)22 型温水采暖装置;

(2)25 型温水采暖装置;

(3)环保采暖装置(也叫反烧炉)。

虽然温水采暖装置的类型不同,但其基本构造和原理是一样的。

二、取暖锅炉的主要部件

取暖锅炉的主要部件有燃煤锅炉、膨胀水箱、上部出水管、立管、下部散热管及各种阀类、塞门等,并配套装有电动水泵、手摇水泵、水位表、水温表、注水管、溢水管、验水管、排水管及辅助水箱等部件。

上部出水管由膨胀水箱接出,分别通向车厢两侧上部,一直通向非锅炉端,分别由卫生间和洗脸间的立管转下,由车厢两侧座席下散热管回到锅炉,形成温水循环系统。

客车燃煤锅炉采暖装置系统示意图如图 4-6 所示。

客车取暖锅炉主要部件如图 4-7 所示。

1. 燃煤锅炉

燃煤锅炉是独立温水取暖装置的主体部件,它的作用是将煤等固体燃料进行燃烧,产生热能把水加热。

2. 膨胀水箱

膨胀水箱是独立温水取暖装置中不可缺少的部件,它的作用是容纳整个循环系统因受热膨胀而形成的多余的热水,与大气相通,排出系统内空气,以免影响温水在系统内的循环,避免系统承受水膨胀的压力,防止水溢出而浪费燃料和水。

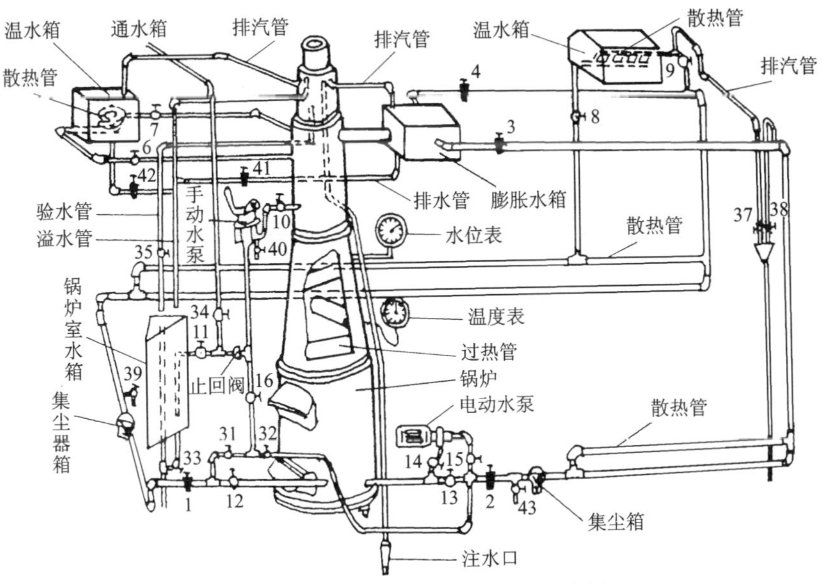

图 4-6　客车燃煤锅炉采暖装置示意图

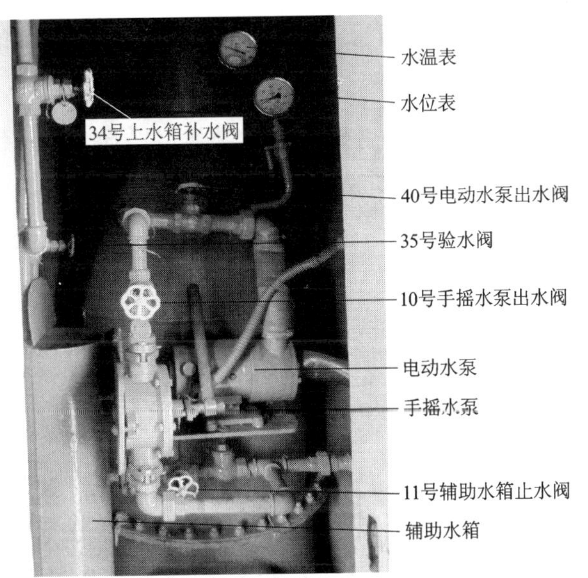

图 4-7　客车取暖锅炉主要部件

3. 辅助水箱(或称备用水箱、三角水箱)

辅助水箱呈三角形或圆柱形,安装在燃煤锅炉左侧。辅助水箱用于临时储水,当锅炉缺水时,引辅助水箱内的水(通过手摇水泵或电动水泵)向锅炉内补水。

4. 验水管、溢水管

验水管和溢水管位于辅助水箱上方。验水管上装有验水阀用于检查锅炉内是否满水、缺水或无水。溢水管与锅炉上部连通,锅炉满水后水流会由溢水管溢出,所以溢水管一般用于锅炉补水时确认是否满水。

5. 电动水泵、手摇水泵

在燃煤锅炉炉体正面中上方安装有电动水泵和手摇水泵,用于向锅炉内补充缺水或者强迫热水循环,调节车厢内的温度。电动水泵通过乘务室或配电柜内的水泵电源开关控制电机运转补水。手摇水泵则需要人力上下压动手柄杆,通过活塞作用产生压力进行补水。

使用手摇水泵,若手摇水泵自身没故障,发生压把压不动的情况则是由于水泵进、出水管上的止阀没有打开,或寒冷季节发生冰堵。因此,首先检查有关阀类是否处于注水或强迫循环工况正常位置。其次,检查是否有冰堵情况,如发生冰堵,应进行解冻处理。

6. 水位表、水温表

水位表,也叫水压表(图 4-8),一般位于锅炉的右上方,为圆形指针式,内有带刻度的表盘和黑、红两个指针,红针所指刻度为锅炉能够容纳的水量的指针,是定位的,也称为满水定位指针。黑针为锅炉内实际的水量指针,也称实际水位指针。水位表的作用是检查锅炉内实际水位情况,黑红两针重合时表示锅炉内满水,黑针低于红针表示锅炉缺水,黑针低于红针两刻度以上时,表示锅炉内严重缺水。

水温表(图 4-9)一般位于锅炉右侧中上方,也有位于左上方的,为圆形指针式,内有带刻度的表盘和一个红色指针。水温表的作用是指示锅炉内水的温度情况。

图 4-8 水位(压)表示意图

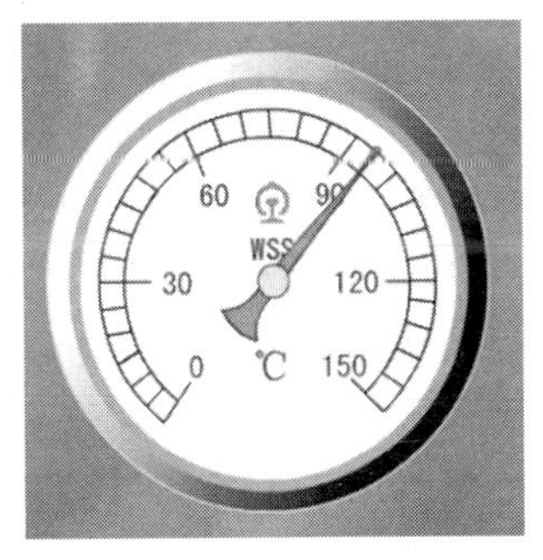

图 4-9 水温表示意图

水位表、水温表检定期限为 12 个月。经检验的各表须显示清晰、正确,作用可靠,并在玻璃罩里指针的下方涂打或贴上检验标记(标明检验日期及单位简称),表罩与表体需加铅封。

7. 各阀门

(1)各阀手轮颜色标记表示

取暖锅炉的各阀均涂有不同颜色,标示其作用和用途。红色为蒸汽热水阀、黄色为温水阀、白色为冷水阀,涂有一半蓝色的阀为排水、排气阀。

(2)各阀门号牌

①41 号膨胀水箱排水阀(黄色);

②34 号上水箱补水阀(白色);

③35 号验水阀(黄色);

④11 号辅助水箱止水阀(白色);

⑤10 号手摇水泵出水阀(黄色);

⑥40 号电动水泵出水阀(黄色);

⑦16 号强迫循环止阀(黄色);

⑧31、32 号强迫循环调整止阀(黄色);

⑨12、13 号散热管回转阀(也称板阀)(黄色)。

正常情况下,车顶以上及车厢两侧散热管上的各阀都应处于全开位置,10、11、16、31 至 43 号阀应处于关闭状态。

三、燃煤锅炉操作的主要程序和步骤

为了确保人身安全和车辆设备安全,客车燃煤取暖锅炉在使用前,必须对设备进行全面的整修(冬季防寒整修)。这项工作由车辆部门统一按规定进行整修,整修完毕必须粘贴防寒整修标记,没有经过防寒整修的车辆严禁使用锅炉温水取暖装置。在第一次点火前,车辆部门负责由车下水井通过橡胶管,插入锅炉下端涂有红色标记的上水栓直接向锅炉内注水,直到溢水管溢水为止。水注满以后,应检查各个管接头、止阀、排水阀等不能有漏水的现象,并且确认水位表的红、黑表针是否重合。

(一)水位的检查方法

在水位表上有一根固定不动的红色指针,其作用是指示锅炉的最高水位,当锅炉注满水时,黑针与红针相重合;当锅炉水位下降时,黑针随之下降,此时就可看出最高水位和实际水位的差数,向锅炉补水时,要一直补到黑针与红针相重合为止。

检查锅炉是否满水,应以验水阀验水为准。打开阀 35 验水阀,水流持续 3～5 s 以上为满水,若无水流出或水流不足 3～5 s 则为缺水,缺水时应及时补水。检验完毕后关闭验水阀。

(二)常用锅炉补水方法

客车燃煤锅炉在使用中应经常补水,保证锅炉循环良好。补水方法有两种,一是利用手摇水泵补水,二是利用电动水泵补水。燃煤锅炉在有火状态时,绝对禁止从车下锅炉注水口注水,防止注入大量冷水使炉体变形、受损或炸裂,影响焚烧和车内温度。

1. 使用手摇水泵补水

首先确认辅助水箱是否有水,如辅助水箱无水或水量不足时,应打开阀 34(通往上水箱管路上的阀门),通过车厢顶部的上水箱向辅助水箱内注水。如上水箱缺水,也可从邻车厢取水直接倒入辅助水箱内。

若辅助水箱有水,首先确认阀 16(锅炉通往暖管的阀门)在关闭位置，打开阀11(辅助水箱通往手摇水泵管路上的阀门)、打开阀10(手摇水泵通往锅炉的阀门)，反复压动手摇水泵，将辅助水箱内的水压入锅炉内，直到溢水管流出水为止。补水完毕后，关闭阀10、阀11，使各阀复位。

2. 使用电动水泵补水

首先确认辅助水箱有水，阀16(锅炉通往暖管的阀门)在关闭位置，打开阀11(辅助水箱通往手摇水泵管路上的阀门)、阀40(电动水泵通往锅炉的阀门)，启动电动水泵进行补水，锅炉溢水管有水流出时立即停止补水。关闭电动水泵，关闭阀11、阀40，使各阀复位。

(三)锅炉强迫循环方法

通常锅炉温度在80 ℃以上而车厢暖管不热，或一边凉一边热时，可以使用强迫循环方法，改变循环不良状况。

1. 使用电动水泵强迫循环

各阀在正常自然循环状态，确认阀11(辅助水箱通往手摇水泵管路上的阀门)在关闭位置，打开阀16(锅炉通往暖管的阀门)、阀40(电动水泵通往锅炉的阀门)，关闭两侧散热管回转阀12、阀13，如遇装有阀31、阀32号强迫循环调整止阀的车型，必须打开两阀，启动电动水泵，直到锅炉水温表指针不再下降为止，关闭电动水泵，将各阀回原位。

2. 使用手摇水泵强迫循环

各阀在正常自然循环状态，确认阀11(辅助水箱通往手摇水泵管路上的阀门)在关闭位置，打开阀16(锅炉通往暖管的阀门)、阀10(手摇水泵通往锅炉的阀门)，关闭两侧散热管回转阀12、阀13，如遇装有阀31、阀32号强迫循环调整止阀的车型，必须打开两阀，反复压动手摇水泵，直到锅炉水温表指针不再下降为止，将各阀回原位。

(四)电动水泵的使用规定

(1)电动水泵只可以用于补水和水循环，当补满水或锅炉温度稳定后，应立即关闭电源，禁止“长转不停”。

(2)当电泵电源接通后，要确认电动水泵工作状态，出现卡住不转等异常情况时,应立即切断电源,待车辆乘务员检查处理后,方可再行使用。

四、冻车防止及解冻方法

1. 冻车产生的原因

冻车产生的原因很多,如天气极端寒冷、列车防寒保暖差等,就锅炉焚火工作而言,产生冻车的原因主要有:

(1)锅炉内缺水,不能形成自然循环,使锅炉内的温水不能进入散热管散热,如不及时补水,就会造成冻车。

(2)锅炉各阀没有恢复到位,应开的阀没开,应关的阀没关,破坏了自然循环通路,循环不畅,也会造成冻车。

(3)人为因素,锅炉焚火人员不认真焚火,擅离职守,使锅炉炉膛内的火长时间处于压火状态,也容易冻车。

(4)煤质不良,碎煤、石头多,炉火燃烧不好,遇有极寒天气也容易产生冻车。

2. 防止冻车的方法

为防止焚火期出现冻车,焚火人员要认真负责,以勤为主,做到"六勤",保证锅炉焚火良好。

(1)勤焚火,一次投煤不过多;

(2)勤清炉,灰薄火厚能传热;

(3)勤补水,水满循环才良好;

(4)勤循环,温度适宜不冻车;

(5)勤摸管,管有多热心有数;

(6)勤巡视,发现故障及时报。

3. 解冻的方法

列车管路发生冻结时,为防止冻伤扩大,必须立即进行解冻处理。

(1)解冻时,应连续不断用热水浇冻结处或使用热毛巾敷,绝对禁止用火烤。

(2)座席下面散热管冻结时,水壶嘴伸不进去,可在壶嘴上接胶管或用抹布、毛巾沾热水放在散热管上,2～3 min 更换一次,直到散热管解冻为止。

(3)在解冻后期,可使用强迫循环的方法配合解冻,直至车内散热管温度均衡为止。

五、燃煤锅炉操作注意事项

1. 炉室管理

每次焚火作业结束,对炉室内卫生彻底清扫,水温表和水位表玻璃罩洁净光亮、无积灰,地面无煤渣及杂物,无积水,排水孔不堵不冻,焚火用炉钎、炉铲、炉钩、摇炉把工具在锅炉室内定位悬挂,装灰桶盛水达到 1/3,并定位放置,关闭炉室内照明灯,锅炉门离人上下加划,炉室门加锁,不留三角区。锅炉室外通过台无煤渣,煤装箱入斗,储煤箱内不留垃圾杂物,上下盖关闭、加锁。

2. 操作注意事项

(1)点火时先用易燃物(旧油线、纸、木材等)引火,待火势稍旺后,再添加煤炭。严禁从邻车锅炉取火行为。

(2)锅炉在燃烧时,如要猛火燃烧,可打开灰门,锅炉温度表不得高于 95 ℃,如果锅炉内水温高于 90 ℃,必须减小火力,可向锅炉填碎煤沫,并关闭灰门,打开炉门。

(3)锅炉焚火中因压火、闷火等原因,打开炉门时常有“打枪”(喷火)的现象发生,因此要防止烧伤、燎伤,操作人员作业时不要将头部(脸部)直接对准炉门来观察燃烧状态。

(4)在焚火时,要勤投煤,火床不能高于炉门,炉门不能长时间打开,避免大量冷空气涌入炉膛而降低炉温。焚火时要保持一定的底火,根据煤质经常清炉,保持炉火旺盛。

(5)在使用中要经常观察水位表,打开验水阀来检查水位。缺水时必须补水,但锅炉在点火状态,绝对禁止从注水口向锅炉内直接注水(即禁止从车下红色注水口直接注水)。

(6)散热管上的闸阀必须处于全开状态,并检查散热管回转阀是否开通,以免影响水路的循环。

(7)为避免发生火灾,使用过程中,锅炉室内只能放置煤铲、火钩、摇炉把,不得放置煤炭、木柴、笤帚、扫把、衣物、垃圾、油棉丝等杂物。

3. 炉灰排放的有关规定

(1)列车运行时,通过列车排灰口排放炉灰和炉渣时,必须经浸水降温后再行排放。

(2)列车运行时,严禁在桥梁上、隧道内和林区向线路上排放炉灰和炉渣。

(3)严禁在列车进、出站前五分钟内,通过车站和库内停留时向线路内排放炉灰和炉渣。

(4)列车锅炉、茶炉清下的炉灰和炉渣必须立即浸水降温,锅炉、茶炉间不得存放未经浸水的炉灰和炉渣。

4. 交接班时应检查的内容

乘务员在交接班时应检查以下锅炉焚火事项:

(1)检查炉温是否正常,车厢暖管温度是否异常(车内温度 16 ℃以上,炉温 60 ℃以上)。

(2)通过看水位表或打开验水阀检查锅炉内是否缺水。

(3)看炉膛内火床状况是否良好,检查有无灭火。

(4)检查各管道阀门、手摇水泵等设备是否齐全正常。

(5)检查各焚火用具是否齐全。

(6)检查锅炉室内有无杂物、是否清洁。

(7)检查炉灰是否清理。

(8)检查储煤箱内的燃煤是否充足。

双方进行细致检查,对不良处所做好记录,在交接记录中签认,严禁信用交接。

第四节　车辆设备使用

旅客列车上设备设施较多，乘务员要熟知列车上车辆设备设施的基本功能，掌握紧急制动阀、人力制动机、轴温报警器、灭火器（通常称为列车“四大部件”）等重点车辆设备设施的基本操作方法和应急处理技能，确保旅客运输安全。

一、紧急制动阀

紧急制动阀（图 4-10）安装在每节客车车厢的一位端墙壁上，并实施铅封。按规定应设置“危险勿动”警示标记。在发生危及行车和人身安全的需要紧急停车时，可使用紧急制动阀停车。

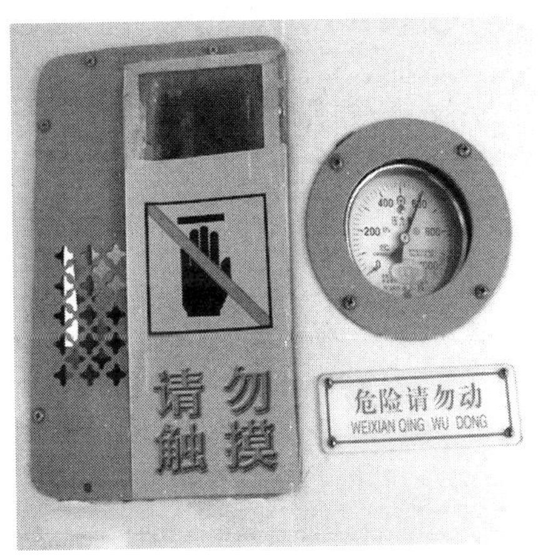

图 4-10　列车紧急制动阀

1. 紧急制动阀使用条件

发现下列危及行车和人身安全情形时，应使用紧急制动阀停车：

(1)车辆燃轴或重要部件损坏。

(2)列车发生火灾。

(3)有人从列车上坠落或线路内有人死伤（特快旅客列车不危及

本列车运行安全时除外)。

(4)能判明司机不顾停车信号,列车继续运行。

(5)列车无任何信号指示,进入不应进入的地段或车站。

(6)其他危及行车和人身安全必须紧急停车时。

只有在以上危及行车和人身安全时才可以使用紧急制动阀。因为一旦使用,列车非正常停车,不仅会打乱正常的运行秩序,而且会因为紧急制动是“抱死闸”,车轮不能再滚动,造成车轮踏面和轨面擦伤,影响正常运行甚至报废。因此,在使用紧急制动阀停车前,必须准确判断,不得盲目使用。

2. 紧急制动阀使用方法

紧急制动阀一端连通列车制动主管,另一端和大气相通。平时阀被弹簧压在阀座上,当拉动手把时,杠杆使阀离开阀座,打开制动主管与大气的通路,制动主管内的压缩空气就急剧减压,产生紧急制动作用。

使用车辆紧急制动阀时,不必先行破封,立即将阀手把向全开位置拉动,直到全开为止,不得停顿和关闭。遇弹簧手把时,在列车完全停车以前,不得松手。在长大下坡道上,必须先看压力表,如压力表指针已由定压下降 100 kPa 时,不得再行使用紧急制动阀(遇折角塞门关闭时除外)。

其他列车乘务人员遇有危及行车和人身安全的紧急情况时,也可按上述方法使用紧急制动阀。

运转车长应将列车运行中发生的问题及使用紧急制动阀的情况,报告列车调度员和有关单位。

二、人力制动机

人力制动机(图 4-11)是用人力转动手轮或手把,用以代替空气制动机的作用,带动基础制动装置,使闸瓦(片)压紧车轮(制动盘)产生制动作用的装置。

人力制动机一般安装在每节车厢一位端的通过台处。制动手轮为摇把型,平时手把折叠嵌入端板内。

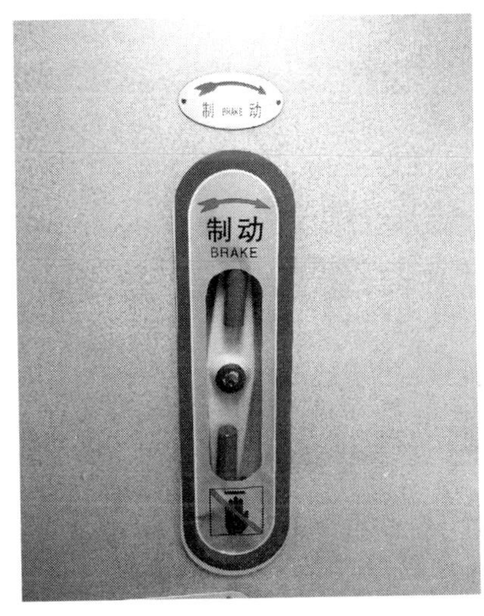

图 4-11　人力制动

1. 人力制动机使用规定

当列车运行中发生自动制动机及车厢无动力(无机车牵引或机车故障)须制动时使用。

遇到以下情况时使用人力制动机：

(1)当列车自动制动机失去作用时或列车分离、车辆溜逸等非正常情况下，应使用人力制动机。

(2)一般在列车遇到风暴、火灾、塌方等自然灾害而失去动力时，为防止列车溜逸而使用人力制动机。

听到机车鸣示三短声，就需要将人力制动机拧紧，以防车厢溜动；机车鸣笛二短声后，列车员一起反转各车人力制动机，缓解全部车辆。

2. 人力制动机使用方法

(1)列车乘务员当听到机车三短声鸣笛要求停车后就地制动时，要在运转车长的组织下，迅速拧紧车厢人力制动机(拧紧人力制动机数量听从运转车长指挥)，以保证就地制动。

(2)列车制动后，各车厢列车乘务员要坚守岗位，看守车门，禁止旅客上下车,确保安全。

3. 机车、轨道车鸣笛鸣示方式

(1)起动注意信号:一长声。

(2)退行信号:二长声。

(3)警报信号:一长三短声。

(4)缓解及溜放信号:二短声。

(5)拧紧人力制动机信号:三短声。

(6)紧急停车信号:连续短声。

三、轴温报警器

轴温报警器(图 4-12)是一种以感温探头装置持续检测车辆轮轴外表温度,当其达到规定时限时,传输轮轴高温信息并同时发出音响警报,以提示作业人员,防止热切事故的列车(车辆)运行安全的重要设施。

图 4-12 轴温报警器

1. 轴温报警器的种类

一种是针对采用模拟式传感器,即 P-N 结传感器为温度敏感器件,另一种是针对采用数字式传感器,即 DS18B20 数字温度传感器为温度敏感器件。

2. 轴温报警的处理

列车运行中值乘人员发现轴温报警器显示声光报警信号时，应立即通知检车乘务员。检车乘务员须对报警轴箱的实际情况进一步确认，如发现有杂音、异味或冒烟、冒火等严重危及安全的迹象时，应采取停车措施，进行必要的应急处置。

如果运行途中车辆乘务员发现轴温高报警器报警（轴温达到外温＋40 ℃）时，要尽快赶到报警车辆，观察轴温变化情况。当轴温持续上升到外温＋60 ℃时，通知运转车长在前方站停车，当温度持续上升至 125 ℃时，必须立即停车，由乘务员使用红外测温仪测试报警位轴箱表面温度，如温升确已超标，经开盖检查发现轴承零件破损、油脂变质、混沙混水、有金属粉末等异状，确认该车不能保证行车安全无法继续运行时，必须摘车处理。为防止轴报配线位数接错的情况出现，若报警位轴箱表面温度正常时，需测试本车其他轴箱的表面温度是否异常。

四、灭火器

1. 灭火器的种类

灭火器是一种轻便的灭火工具，它可以用于扑救初起火灾，控制蔓延。不同种类的灭火器，适用于不同物质的火灾，其结构和使用方法也各不相同。灭火器的种类很多，按其移动方式可分为手提式灭火器和推车式灭火器；按驱动灭火剂的动力来源可分为储气瓶式灭火器、储压式灭火器、化学反应式灭火器，按所充装的灭火剂则又可分为泡沫灭火器、干粉灭火器、水雾灭火器、二氧化碳灭火器等。

干粉灭火器[图 4-13(a)]是列车配置灭火器的常用类型，它是利用二氧化碳或氮气作动力，将干粉从喷嘴内喷出，形成一股雾状粉流，射向燃烧物质灭火。普通干粉又称 BC 干粉，用于扑救液体和气体火灾，对固体火灾则不适用。多用干粉又称 ABC 干粉，可用于扑救固体、液体和气体火灾，也可用于扑灭电气火灾（干粉有 5 万 V 以上的电绝缘性能），但不能扑救轻金属燃烧的火灾。

水雾灭火器[图 4-13(b)]可以用于扑灭可燃固体火(A 类火灾)、可燃液体火(B 类火灾)、可燃气体火(C 类火灾)和一般电气火灾。该灭火器具有抗 3.6 万 V 电压的特点,是现阶段比较适合铁路电气化区段的新型灭火器。扑灭电气火灾时,灭火距离不少于 1 m,灭火后处理现场时,必须切断电源。

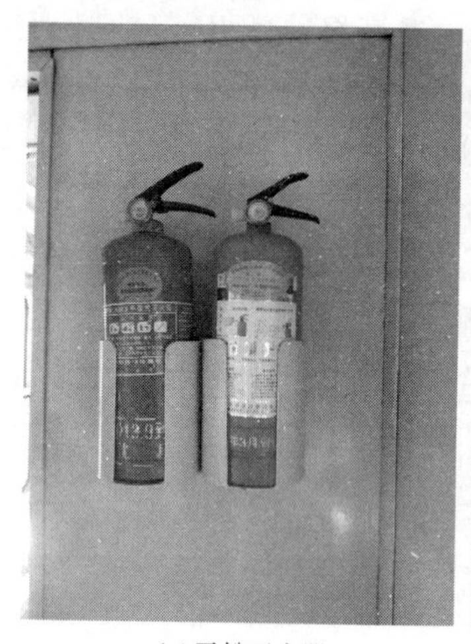
(a)干粉灭火器

(b)水雾灭火器

图 4-13 干粉灭火器和水雾灭火器

2. 客车灭火器的配置

(1)旅客列车每节车厢,双层客车每层应配备 2 具 2 L 水雾灭火器和 2 具 2 kg ABC 干粉灭火器,水雾安装在客车车厢一位端,干粉灭火器安装在二位端。挂具采用套筒结构,套筒下边缘距地面高度 1 400 mm,个别车厢安装在旅客坐席上部时,应根据具体情况确定。

(2)餐车应配备 4 L 水雾灭火器 4 具,灭火毯 2 条。灭火器设置在一、二位端各两具;后厨没有直通餐厅门的餐车,可以在后厨内安设 2 具。

(3)发电车应配备 4 L 水雾灭火器 8 具,其中工作间 2 具、机仓室 6 具,25 kg 推车式 ABC 干粉或(35 L 水型)灭火器 1 具,防毒面具 2 具,灭火毯 2 块。

(4)行李、邮政车各配备 4 具 4 L 水雾灭火器,2 具防毒面具,另外行李车还最新配备了 35 L 推车式水雾灭火器 1 具,灭火器设置固定在工作间内。

3. 灭火器的使用方法

(1)干粉、水雾灭火器的使用方法:使用灭火器时,首先拔出保险销,手提压把,拿至距离火源 2～3 m 处,将喷嘴对准火源根部,用力压下压把,由近而远并左右扫射进行灭火。ABC 干粉灭火器有效喷射距离 3～5 m,喷射时间 8～12 s。

(2)推车式灭火器的使用方法:使用推车式灭火器时,首先将推车推或拉至现场,拉出喷枪,展开软管,打开开关;拔掉保险销,提起操作杆;对准火焰根部,喷射即可灭火。

推车式灭火器容量大,移动方便,操作简单,灭火效果好。

推车式灭火器如图 4-14 所示。

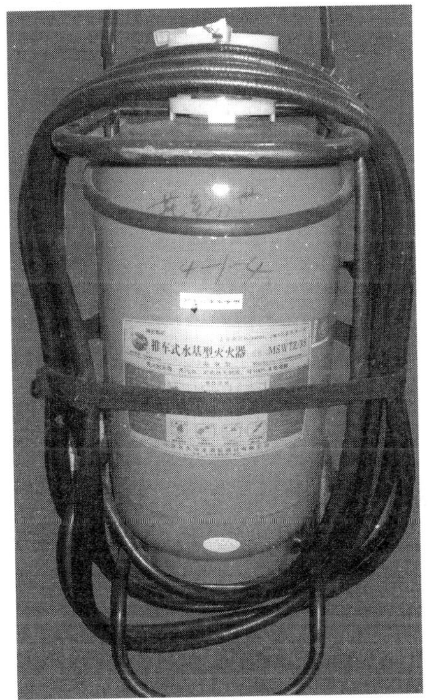

图 4-14　推车式灭火器

4. 灭火器的使用注意事项

(1)灭火器应放在干燥、无腐蚀气体的场所,不得火烤、暴晒或碰撞。

(2)经常检查灭火器内的压力,不泄压、不超压(指针不超过2.5 MPa),发现压力表指针低于绿区应送维修部门修理。

(3)灭火器悬挂牢固,配件齐全,喷嘴完好,压把不变形,铅封无破封,卡销完整好用。

(4)灭火器一经开启必须再充装。再充气、再充装必须送专业维修部门,在重新充装前必须进行水压试验,合格后方可继续使用。

(5)干粉灭火器每年进行一次维修,8年报废;水雾灭火器3年一维修,1年一检查,粘贴检查标识,以后每隔两年必须进行1次水压试验,6年报废。

(6)维修企业必须按国家规定进行维修,张贴维修标志,载明维修日期,并在筒体上涂打到期时间(××××年××月到期,由维修厂涂打)。维修企业在灭火器重新喷涂油漆时,必须能看清灭火器筒体报废日期,否则,追究维修企业的责任或处罚。

第五节 电气设备使用安全

旅客列车上除了照明,还有很多用电的设备。近年运用的600 V直供电列车以及新型列车中配置的空调装置、车门集中遥控、电子信息显示屏、电取暖装置和电热水器等电气设备,用电量极大,最大用电量高达400 kW。在使用电气设备时,要严格遵守使用操作规程。列车运行中,出现电气设备故障时,要及时关闭电气设备开关,立即通知车辆乘务员。列车终到后,列车乘务员需及时将用电设备按操作程序反顺序依次关断各部位开关(卸载),防止绝缘不良损坏电气元件。

一、配电室管理

配电室内所有设施和各类开关均有检车人员负责,非车辆乘务员严禁动用或打开配电室内控制柜。日常管理中应做到:

(1)配电室离人加锁。

(2)配电室禁止闲杂人员进入。

(3)配电室禁止吸烟。

(4)配电室禁止堆放物品。

二、电开水器(电茶炉)

铁路客车用电茶炉是为了适应铁路客车供水需要而研制的新一代供水设备,其利用列车集中供电电源,高效节能,热效率高,产水量稳定,清洁卫生,全自动连续工作,为旅客提供安全饮用开水的专用设备,采用生熟水分开工作方式自动控制供饮开水,是旅客列车的重要装备之一。

1. 电开水器的类型

由于车型配备不同,配备的电开水器生产厂家也有所不同。目前运用客车的电开水器主要厂家有:江苏生产的,采用冷热分离,但保护控制不良;青岛生产的,保护控制良好,但水位控制不良;广州生产的,水位控制良好,但结构设计存在不足;北京生产的,设计开水良好,保护良好,结构较复杂;无锡生产的,解决了加热水垢的问题。

2. 电开水器的结构原理

电开水器的结构原理如图 4-15 所示。

3. 电开水器操作方法

电茶炉一般有红、绿、黄三色指示灯。红灯亮时,表示电茶炉接通电源,进入自动控制状态;绿灯亮,表示电茶炉正处加热状态;绿灯灭,表示电茶炉停止加热;黄灯灭,表示电茶炉冷水位(烧水箱水位)在规定的冷水下水位以上(满水);黄灯亮,表示电茶炉冷水位处于规定的冷水位以下,处于缺水状态,此时电茶炉会自动停止加热,防止干烧。因此,电茶炉绿灯灭、黄灯灭,表示电茶炉水开、水满,自动进入保温状态,停止进水加热。

(1)开机前先打开放水嘴,排出开水储水箱内的存水后,再关闭放水嘴。

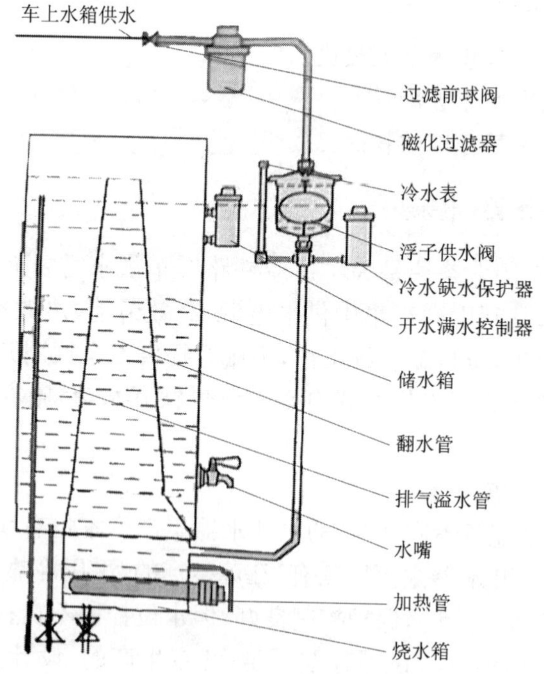

图 4-15 电开水器结构原理图

(2)打开进水阀,注入冷水(电茶炉使用过程中,不可关闭进水阀)。

(3)合上电源开关,合上电开水器控制箱上控制开关(自动位),红灯亮,电茶炉进入自动控制状态。

4. 使用注意事项

(1)使用前应检查电气、设备的情况,乘务员在开闭开关时应使用右手,并保持手表面干燥。

(2)客车电茶炉使用前应确认车厢水箱内有水,电开水器不缺水。使用中严禁关闭缺水保护开关,发现缺水报警时,要立即关闭电源停止使用。

(3)严禁用水冲刷电茶炉表面,排水孔、排气管保持畅通,严禁堵塞。

(4)茶炉室禁止堆放杂物,严禁用水冲洗电茶炉。

(5)冬季列车在库内停留或停止供水时,应关闭电茶炉电源开关,将电茶炉各水箱、管路中存水排净,防止冻结。

(6)电茶炉使用中一律使用自动控制,严禁使用手动。自动控制发生故障,确需使用手动控制时,必须经车辆乘务员允许,但车辆乘务员、客运乘务员要严格监控。

5. 开水烫伤的紧急处理

如果在列车上被开水烫伤了,要立即用冷水局部降温 10 min,并通知列车红十字救护员到场处理。对于伤处可使用干净、潮湿的绷带覆盖,伤处肿胀时,应去掉手表、手镯、戒指等,可适当涂抹烫伤膏,将绷带浸湿轻轻固定,于伤处对侧轻轻系住绷带,注意包扎不要太紧。烫伤严重时可广播寻找医生到场处理。

三、电热取暖器

(一)电采暖的工作原理

铁路旅客列车进入冬季在严寒地区运行时,为了提高客车车厢的空气温度,给旅客和客运工作人员创造适宜的环境温度,保持提供盥洗用水,保证客车给水系统不发生冻结,在铁路客车内部一般都安装采暖装置。电采暖是有别于温水锅炉采暖的一种重要取暖方式,常用于 25B、25G、25K、25T 型等新型空调旅客列车,其原理是通过供电加热电热元件,使车内空气受热,空气温度徐徐上升,以保持车内达到一定的舒适温度。

电热取暖器(通常简称为电热器或电暖气)是电采暖装置的主要加热部件,一般由电热板、隔热层及外罩等主要部件组成。其结构如图 4-16 所示。

(二)客车电采暖的使用方法

客车电采暖按其操作方式大致分为两类,一是手扳式操作系统空调列车,以 380 V 供电车体为主;二是 PLC 触摸屏操作系统空调列车,以 DC 600 V 直供电车体为主。两种操作系统示意图如图 4-17 所示。

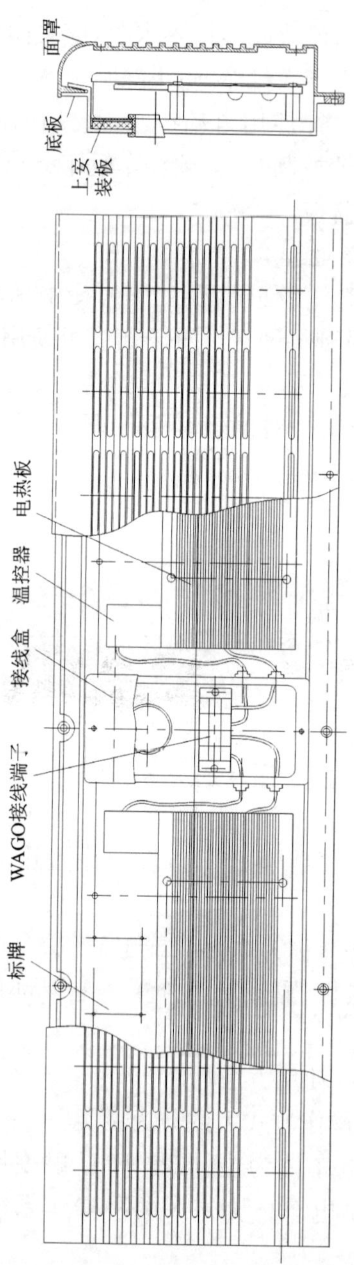

图4-16 电热取暖器的结构

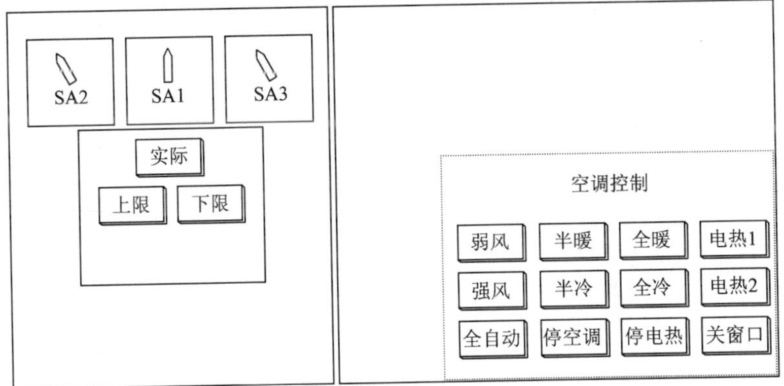

(a) 普通空调客车　　(b) 四合一空调客车

图 4-17　电采暖的操作系统

1. 温度设定

温度一般设定为 18 ℃，上限 20 ℃，下限 18 ℃，回差 1.5 ℃。

2. 操控说明

电采暖操控说明如图 4-18 所示。

(1)受温控仪控制(空调控制柜)

开关：SA1：半暖、全暖；

　　SA2：弱风位；

　　SA3：自动暖。

(2)不受温控仪控制(电源控制柜)

开关：软、硬座：3Q1、3Q2、4Q1、4Q2。

　　软、硬卧：3Q、4Q。

(a)普通空调客车

(1)开关：空调控制

(2)开关：

客室电热Ⅰ、客室电热Ⅱ→受温度控制

客室电热Ⅲ、客室电热Ⅳ→不受温度控制

(3)触摸：

自动：全自动、停空调、停电热。

手动：停空调、半暖、全暖、电热 1、电热 2。

(b)四合一空调客车(触摸屏)

图 4-18　电采暖操作面板说明

3. 电采暖的使用方法

(1)手扳式操作系统使用

手扳式操作系统操控装置如图 4-19 所示。

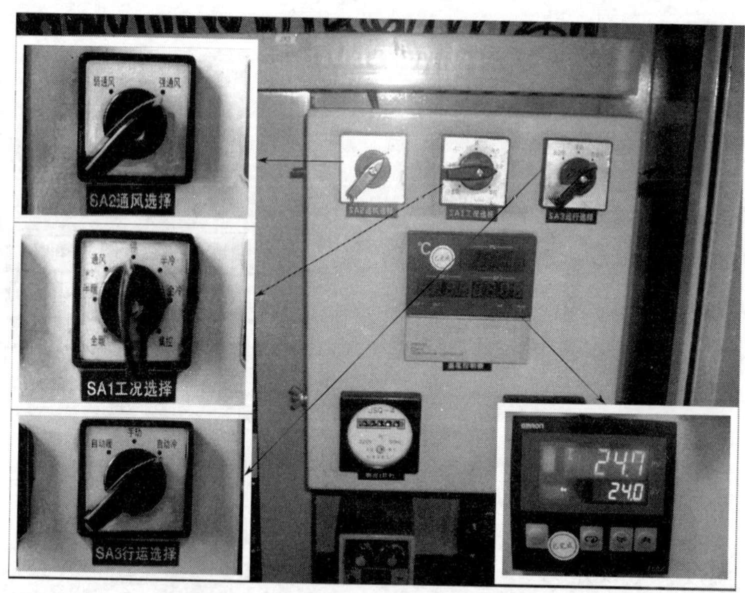

图 4-19 手扳式操作系统操控装置

空调客车制暖或通风时，将电源柜供电选择开关打至Ⅰ路或Ⅱ路，一般情况下，单号车厢选择Ⅰ路供电，双号车厢选择Ⅱ路供电，相对应的指示灯亮。应急电源箱开关打至“电池通”位，交流指示灯亮。

①通风操作。合上自动空气开关1Q、2Q。弱通风时，将SA1工况选择(中间)开关置于“通风”位，SA2通风选择(左)开关置于“弱风”，产生弱风(HL2指示灯亮)；强通风时，将SA1工况选择开关置于“通风”位，SA2通风选择开关置于“强风”，产生强风(HL3指示灯亮)。

②制暖操作。空调客车制暖形式有手动半暖、手动全暖、自动半暖、自动全暖4种。一般情况下，我们只准使用自动控制，不得使用手动控制。自动控制出现故障时，在条件可能的情况下，经车辆乘务员准许后，方可使用手动控制。使用手动控制的车辆，客运乘务员要重点对该车进行监控。

使用空调机组制暖时，首先合上空气开关 1Q、2Q、3Q、4Q。选择开关操作顺序是首先打开 SA3、再打开 SA2、最后打开 SA1 进行操作。

a. 自动半暖：将 SA3 行运选择(右)开关打在“自动暖”位；将 SA2 通风选择(左)开关打在“弱风”位；将 SA1 工况选择(中间)开关置于“半暖”位。当车温≤18 ℃时，机组经过延时后，进入半暖状态，“采暖 1”或“采暖 2”两者之一运行，当车温≥19.5 ℃时，机组退出半暖状态。如果车温又≤18 ℃，机组在温度控制仪作用下再次启动运行时，则上次没有运行的那一组工作在“采暖”状态。由于 SA2 放弱通风位置，以上两种半采暖均在弱送风状态下工作。

b. 自动全暖：将 SA3 行运选择(右)开关打在“自动暖”位；将 SA2 通风选择(左)开关打在“弱风”位；将 SA1 工况选择(中间)开关置于“全暖”位。当车温≤18 ℃时，经延时，机组进入半采暖状态，“采暖 1”和“采暖 2”中有一组运行。若车温≤16 ℃时，机组的另一组电加热器也投入运行，这时机组进入全采暖状态，并在弱风下工作。当车温≥19.5 ℃时，两组电加热器停止运行。

c. 手动半暖：将 SA3 行运选择(右)开关打在“手动”位；将 SA2 通风选择(左)开关打在“弱风”位；将 SA1 工况选择(中间)开关置于“半暖”位。

d. 手动全暖：将 SA3 行运选择(右)开关打在“手动”位；将 SA2 通风选择(左)开关打在“弱风”位；将 SA1 工况选择(中间)开关置于“全暖”位。

(2)PLC 触摸屏操作系统

PLC 触摸屏操作系统主要由“四合一”(铁路客车综合电气控制柜)操控面板组成，分为上下柜，如图 4-20 所示。

600 V 直供电型客车在“自动位”不理想的情况下，按以下步骤控制客车制暖：

按“触摸显示屏”→[空调信息]→[空调控制]→[停空调]→根据旅客需求按[电热Ⅰ]或[电热Ⅱ]→[关窗口]→[回主画面](停止电热Ⅰ或电热

Ⅱ时,请按“停电热”)。

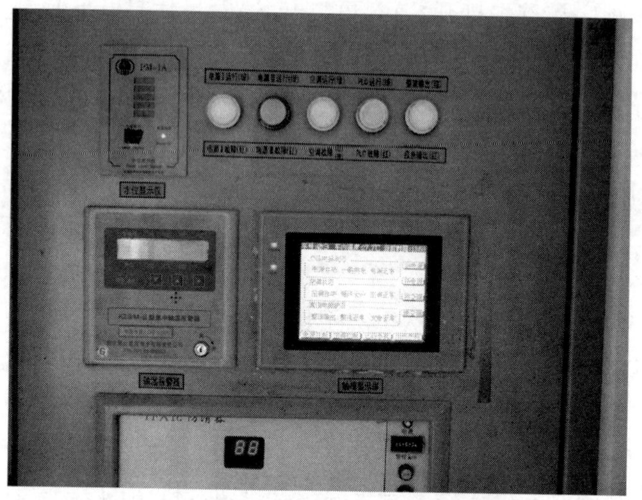

图 4-20　PLC 触摸屏操作系统操控装置

25G 型 380 V 空调客车的使用方法:

①推上客室电热Ⅰ、客室电热Ⅱ。

②按触摸显示屏 空调控制 → 停空调 → 根据旅客需求选择 电热Ⅰ 或 电热Ⅱ → 停电热 (需要停止电热Ⅰ或电热Ⅱ时) → 关窗口 。

4. 常见故障现象

(1)一端冷一端热或温度过低:门窗未关或外温太低。

(2)故障灯亮:温度过热。

(3)不显示温度:断电保护。

5. 注意事项

空调机组在制暖工况下,客运乘务员必须做好宣传工作,严格控制各车厢客室端门及窗户,确保自动控制和制暖的可靠有效。必须制止旅客自行调节和堵塞出风口的行为,防止车内温度冷热不均。在使用与管理中应注意以下事项:

(1)乘务员在开闭转换开关时应保持清醒的头脑,应使用右手操作,并保持手表面干燥。

(2)为使车内达到满意的空调效果,应关闭门窗及车端拉门,严禁吸烟。

(3)电热器罩表面温度可达 70 ℃～80 ℃,因此不要将物品堆放在电热器上,也不要蹬踏电热器,以免烫坏物品或烫伤旅客。

(4)车内清扫时,要切断电源,不可用水冲洗,不要打开电热罩,以防造成电气短路或漏电伤人。

(5)应宣传旅客不要将手伸进电加热器罩内和触摸电加热板凳配件,也不要将废弃物塞进电热罩或将茶水倒在上面。

(6)当出现电采暖故障时通知发电车空调乘务员处理,非专业检修人员禁止拆开电加热器或自行修理。

(7)乘务员巡视中发现电加热器配件发生击穿、异烟、异味、异温、异音等异常现象,应立即关闭电源,通知车辆乘务员处理。

四、电控气动塞拉门

(一)塞拉门的种类

塞拉门分为电控气动塞拉门和手动塞拉门两种。

(二)电控气动塞拉门原理及使用

1. 电控气动塞拉门的原理

电控气动塞拉门主要用在 25K、25T 型客车上,密封性好,开启方便。提速客车上主要采用的是康尼、欧美两家公司生产的电控气动塞拉门,它们在结构和基本原理相同。南京康尼生产的 M730 系列铁路客车塞拉门的门板采用特种合金及铝蜂窝复合结构,重量轻、强度高、刚性好。电控气动塞拉门,由基架、门扇、驱动、操作、门锁、电控等部件组成,驱动部件中的气缸通过连杆机构与门扇、小车、脚踏板连接,门扇挂接在小车的滚轮上,门锁部件中的拔叉通过钢丝绳连接内外操作装置,电控部件中的电磁阀通过电路、气动系统连接驱动部件的气缸、门锁部件中的气缸、操作部件中的内外操作装置,具有开启与关闭方便、省力、安全，能防止车门挤压旅客，还可以实现全列车门的集中控制和分别控制，使各车厢的车门开启与关闭自动化。电控气动塞拉门示意图如图 4-21 所示。

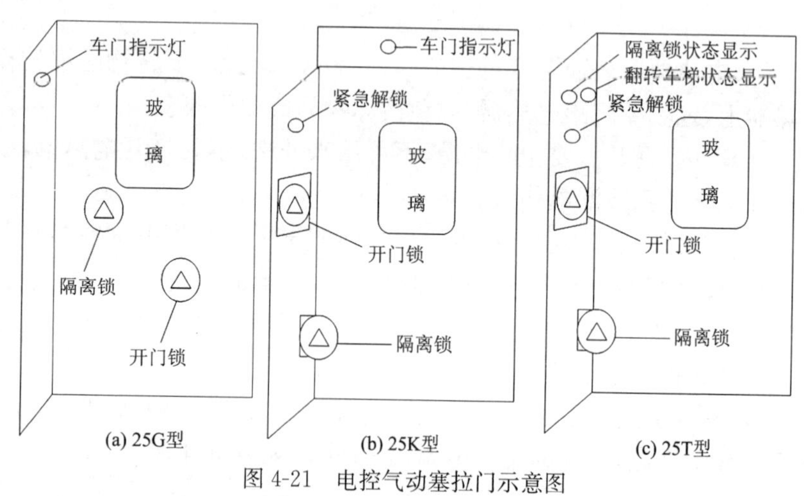

图 4-21　电控气动塞拉门示意图

2. 电控气动塞拉门的使用

电控气动塞拉门共有三个门锁分别是：隔离锁、开门锁(又叫内操作)和紧急解锁。在常规开启这些锁必须使用铁路专用的三角弯把钥匙或者六角弯把钥匙，常规的直把钥匙无法开启。开门操作时，首先先开隔离锁，隔离锁开了以后，拧动内操作或外操作，听到 3 声蜂鸣后，就自动开门了。在关门操作时，首先拧动内操作，待车门完全关闭指示灯灭后，锁闭隔离锁方可离开车门。在无气无电，以及车速超过 5 km/h的时候，只有启动紧急解锁才能开门，方法是先开隔离锁，然后将紧急解锁拧紧到解锁位置，听到报警声后，门已经弹出锁扣，手动开门就可以了，此时会一直有报警声，将紧急锁复位方可停止。

(三)手动塞拉门原理及使用

1. 手动塞拉门原理

手动塞拉门主要用在 25G 型客车上，列车是单管供风，所以不适宜装气动塞拉门，这种塞拉门在电控气动塞拉门的基础上取消了电控气动装置及翻板脚踏装置，并加装了锁闭定位装置。

2. 手动塞拉门的组成

手动塞拉门单个门系统由基础安装部分、驱动装置、门板、门板附件、锁闭装置、电热装置组成，具有开启与关闭方便、省力、安全、能防止车门挤压旅客的特点，但不能进行自动开门和集中控制。

3. 手动塞拉门的操作使用

(1)开门。只有在车辆处于静止状态时才能进行开门操作。开门前，应先将隔离锁的隔离状态解锁。通过扳动门内、外三角锁芯手动开门。在隔离锁打到开位时，可以操纵门内、外三角锁芯将门打开，此时门状态指示灯由绿色变为红色。

(2)关门。通过门内、外扣手手动关门。操纵门内扣手或门外扣手将门关闭到二级锁闭状态，此时可以观察到门状态指示灯由红色变为绿色。之后，必须将隔离锁打到关位，将门处于隔离状态后，乘务员方可离开门区。

(3)门的隔离锁闭。通过隔离锁隔离锁闭。在列车停运时，单个车门可以用三角钥匙拧动隔离锁锁芯，使锁舌伸出别住门框，实现门的机械隔离锁闭功能，如不能解除隔离锁的隔离锁闭状态，门将不能打开。

另外，用于200 km/h以上的动车组也采用了电控气动塞拉门。此类塞拉门主要针对200 km/h以上动车组设计，相对上述电控气动塞拉门，其断面形式进行了重新调整，增加了锁闭点，脚踏踏板结构设计适应提速后改造的高站台和新建的标准高站台。

五、电气设备的使用注意事项

为了保证旅客列车电气设备的使用安全，列车乘务人员在电气的使用过程中应注意以下几点：

(1)列车电器、电源设备要保证配件齐全、作用良好。

(2)列车配电室、配电箱周围不得放置任何物品，闲杂人员禁止进入，配电室、配电柜离人加锁。

(3)按规定使用电器设备,严禁随意增加电器设备、乱接电源。

(4)空调列车在采用电取暖期间,对设备要加强巡视,并保持暖气罩内的清洁卫生,做好旅客的安全宣传工作,严禁向电暖器里乱塞杂物、禁止在电气设备周围(不小于0.1 m)、上部堆放可燃物和暖气罩上放置物品,及时清理电暖器周围的灰尘和杂物。

(5)空调客车的空调温控器应按规定设定,不得随意乱调,严禁使用手动制冷,特殊情况下,经车辆乘务员确认,方可使用,运行中由客运人员负责监控。

六、电器设备起火、冒烟的应急处理

列车乘务员应加强车内的巡视,重点对车内电器设备进行检查,发现电器设备冒烟或初起火苗时按下列方法进行处理:

(1)电器设备发生冒烟或初起火苗,应立即切断电源,及时开启应急照明开关或启动按钮,使用灭火器扑灭烟火,同时通知邻车乘务员向列车长报告。

(2)本节车厢乘务员要坚守岗位、维护车内秩序,注意观察扑救后冒烟起火部位的情况。

(3)列车长到场后,稳定旅客情绪、了解起火原因、合理分工,做好后期的处理工作。

(4)乘警收集冒烟或起火的有关证据材料,为后期事故处理提供可靠的依据。

(5)车辆乘务员对电器起火部位进行检查修复。

(6)运行中无法扑救时,应立即使用紧急制动阀停车处理。

第六节 餐车安全

餐车是列车防火的重点部位之一,用火用电设备较多,使用较频繁,管理不善极易发生火灾,乘务中应加强对餐车用火用电的管理。“三乘”人员在列车防火巡视检查中要对餐车防火重点部位进行检查。

一、餐车防火重点部位

(1)餐车锅炉、顶罩烟囱、炉灶烟囱。外部无油垢,内部石棉填充满套。

(2)餐车炉灶、排气扇。无油垢,炉膛泥套无破损,不滋火,油炸食品使用运行方向第一个灶眼,用油量不超过容器的1/3,运行中不许炼油,按规定填记油垢清扫交接记录,库内灭火、库外压火、专人值岗。

(3)炉灶灶眼、耐火泥套。无孔洞、无裂痕。

(4)餐车锅炉。炉体阀门不渗漏,0.3 m内不得放置油锅、油桶等可燃物。

(5)餐车锅炉水位表、压力表、安全阀、水位计。水位表灵敏,不漏泄;压力表压力不超过40 kPa,灵敏有效;安全阀不超期;水位计最高、最低水位标识明显。

二、餐车炉灶管理

(一)炉灶的作用

"炉"一般是指烘炉、烤炉、熏炉等,用于烘、烤、熏等直接烘烤的烹调方法。"灶"有蒸灶、大灶等,用于炸、炒、烧、炖、蒸等。炉灶是列车饮食加工的主要用具。

(二)炉灶的使用

1. 生火

生火就是对已灭火的煤炉灶生火,将燃点低的引火物质先行燃烧,提高炉灶中燃料的温度,使燃料达到燃点而燃烧。

2. 通风

通风就是促使炉灶内空气流通,使燃料及一氧化碳和挥发性物质得到充分氧气供应,燃烧更加旺盛。

3. 加煤

加煤前应先通炉,注意底火均匀,如底火不均,应先将底火拨匀后再加煤,否则会形成一边火旺、一边火小的情况。

4. 封火

封火就是减少炉内的空气流通，使炉内燃料仍能缓缓的维持燃烧而不至于完全熄灭。

5. 熄火

熄火过程应注意以下几点：

(1)采取转移旺煤逐步熄火的方法。

(2)未燃尽的煤块，拣出放在安全的地方，应先浇水熄灭后放在一边再用，不可随灰一并弃去。

(3)除煤灰时应注意清洁卫生，防止灰尘飞扬。

三、食物中毒预防及处理

1. 食品安全

为保证旅客列车食品安全，餐售必须严格执行食品卫生“五四制”。

(1)由原料到成品实行“四不”制度：采购员不买腐烂变质的原料；保管员不验收腐烂变质的原料；加工人员不用腐烂变质的原料；服务员不卖腐烂变质的食品。

(2)成品存放实行“四隔离”：生与熟隔离；成品与半成品隔离；食品与杂物、药物隔离；食品与天然冰隔离。

(3)用(食)具实行“四过关”：一洗、二刷、三冲、四消毒。

(4)环境卫生采取“四定”办法：定人、定物、定时间、定质量。

(5)个人卫生做到“四勤”：勤洗手、剪指甲；勤洗澡、理发；勤洗衣服、被褥；勤换工作服。

2. 发生旅客食物中毒时的应急处理办法

(1)及时报告。站车应向有关部门及时报告，主送所属铁路疾控中心或前方铁路疾控中心，铁路局客运、卫生处；报告内容，旅客发病的时间、地点、患者人数、餐饮食物名称，是否要求派员处理。

(2)安置病人。站车做好记录，将病人送当地或最近市、县医院及时抢救。

(3)保护现场。稳定旅客情绪,封存可疑食物、呕吐物样品,停止销售可疑食物,追回售出可疑食物,等待卫生监督人员到现场查验。

第七节　行包、邮政运输安全

一、行包安全管理

1. 行李员岗位防火责任制

(1)严格执行交接和监装监卸制度,防止夹带易燃易爆危险品的行包上车。

(2)向押运人员宣传防火注意事项,并做好登记。

(3)发生火灾时,立即报告,迅速扑救,减少损失。

2. 押运人管理规定

押运的包裹应装行李车,由押运人自行看管,车站负责装车和卸车,在行李车押运时,列车行李员应将押运人姓名、人数、工作单位、住址和品名、件数、发到站登记押运人员登记簿内,并向押运人员说明以下事项:

(1)严格遵守铁路规定,服从铁路工作人员指挥,负责所押货物安全。

(2)凭证押运,不得饮酒,不得擅离职守。

(3)严禁携带易燃易爆等危险品进站上车,严禁在仓库和列车内吸烟、弄火、使用电器,随身火种交列车行李员保管。

(4)不得移动、翻动仓库和行李车内的物品,不得靠近放射性物品,不准打开车门乘凉,不准在货垛高处坐卧、停留,杜绝人身意外伤害事故。

(5)密切关注行包动态,对危及货物和列车安全的情况,要立即报告铁路工作人员。

二、邮运安全管理

(1)运邮车厢除持有“押运员免费乘车证”和“邮运视导员免费乘

车证”的运邮人员外，其他人员一律不准乘坐。“押运员免费乘车证”应随同“邮局押运邮件人员服务证”(“工作证”)使用有效。

(2)每辆运邮车厢限乘 3 名及以下押运人员(不包括邮运视导员)。特殊情况需增加押运员时不得超过 1 人，且应在列车开车前告知列车长。

(3)运邮押运人员和视导人员除办公用具、备品及个人生活用品、食品和衣服被褥外，其他物品均不得带入运邮车厢。

(4)运邮车厢内严禁使用电炉子、电饭锅、电炒勺等电器设备和煤气、汽油、柴油和酒精炉等明火做饭或取暖。

(5)运邮车厢内邮件堆放要整齐、稳固，不得超重或偏载；车厢内必须按规定留有防火通道，按规定配置灭火器等设备。运邮车厢的门铃要保证性能良好，作用不良时应及时通知检车人员维修。

(6)运邮人员进行邮件装卸作业和在列车运行时，必须自觉遵守所在车站或列车有关邮件装卸、车辆行驶、停放及人员进出站等安全管理的规定，必须听从铁路车站客运人员或列车长的指挥。接受铁路局客运、安全、公安、车辆等监察人员的安全检查时，应出示有关证件。

(7)列车长应加强对运邮车厢的检查和巡视，列车始发和终到前，必须对运邮车厢进行检查，途中每 400 km 必须巡视一次以上，重点检查运邮车厢预留防火通道情况和运邮人员违规使用电器、炉具问题及清理无票乘车人员。

(8)列车长或铁路局客运、安全、公安、车辆等监察人员对运邮车厢进行安全检查时，对违反铁路有关规定或拒绝检查的运邮人员，可没收其“押运员免费乘车证”或“邮运视导员免费乘车证”，并于 5 日内将证件送交铁路局客运管理部门。

复习思考题

1. 旅客列车乘务组的主要工作有哪些？

2. 什么是危险品？常见危险品的种类有哪些？

3. 在列车上查出的危险品应如何处理?

4. 怎样检查客车燃煤锅炉的水位? 客车燃煤锅炉的补水方法有几种? 如何操作?

5. 客车燃煤锅炉强迫循环有几种方法? 如何操作?

6. 冬季列车管路发生冻结时,怎样进行解冻?

7. 哪些情况下应使用紧急制动阀停车? 怎样使用紧急制动阀?

8. 手提式灭火器和推车式灭火器如何使用?

9. 空调客车制暖如何进行操作? 使用中有哪些注意事项?

10. 空调客车电开水器运用操作是怎样进行的?

第五章　动车组列车安全

第一节　动车组概述

我们通常看到的旅客列车，其动力装置都集中安装在牵引机车上，在牵引机车后面挂着许多没有动力装置的客车车厢。假如把动力装置分散安装在每节车厢上，使其既具有牵引动力，又可以载客，这样的客车车辆便叫做动车。而动车组就是将几节自带动力的车辆和几节不带动力的车辆编成一组，就是动车组。带动力的车辆叫动车，不带动力的车辆叫拖车。

一、动车组的概念

动车组就是由若干动力车和拖车或全部由动力车长期固定连挂在一起组成的车组。《铁路旅客运输规程》则把运行速度在 200 km/h 及以上的列车称为动车组。

动车组按动力配置方式分为动力集中式动车组和动力分散式动车组。我国引进和生产的动车组均为动力分散式动车组。动力分散式动车组的优点是动力装置分布在列车不同的位置上，能够实现较大的牵引力，编组灵活。由于采用动力制动的轮对多，制动效率高，且调速性能好，制动减速度大，适合用于限速区段较多的线路。另外，列车中一节动车的牵引动力发生故障对全列车的牵引指标影响不大。

二、动车组的型号

中国铁路运行的动车组称为“和谐号”，定名为 CRH 系列，CRH 是“中国高速铁路”的英文简称，即“China Railway High-speed”的首字母组合。

我国动车组主要有 CRH_1、CRH_2、CRH_3、CRH_5 四种型号的动车组列车。这些型号分别从加拿大、日本、德国、法国等国引进先进技术，并消化吸收及国产化，成为“具有中国自主知识产权”的动车组。在此基础上，我国又自主创新研发制造了最高时速达 380 km 的高速动车组，其中 CRH_{380B} 型高寒动车组基于西门子公司 ICE、Velaro E 动车组平台，借鉴 CRH_5 型动车组在高寒地区的运用经验，结合高寒地区的气候特征，针对高寒运用环境进行适应性优化，在哈大高铁上成功运用。动车组主要车型具体制造情况见表 5-1。

表 5-1　我国动车组主要车型含义及制造商情况

动车组类型	国内制造商	代码含义
CRH_1	青岛四方—庞巴迪—鲍尔铁路运输设备有限公司	CRH_{1B}：1 型车 16 节大编组动车组； CRH_{1E}：16 节车厢的大编组卧铺动车组，200 km/h 级别(营运速度 200 km/h，最高速度 250 km/h)
CRH_2	南车青岛四方机车车辆股份有限公司	CRH_{2B}：16 节长大编组动车组，在 CRH_{2A} 基础上扩编至 16 节； CRH_{2E}：16 节长大编组的卧铺电力动车组； CRH_{2C}：8 节车厢编组的座车动车组，300 km/h级别，作为京津城际高速铁路的用车，最高营运时速为 350 km
CRH_3	唐山轨道客车有限责任公司	CRH_{3C}：8 节车编组的座车动车组，300 km/h级别(营运速度 330 km/h，最高速度 380 km/h)，作为京津高速铁路的用车； CRH_{3D}：以 CRH_{3C} 为基础的 16 节车厢的大编组座车动车组
CRH_5	长春轨道客车股份有限公司	CRH_{5A}：8 节车厢编组的座车动车组，200 km/h级别(营运速度 200 km/h，最高速度 250 km/h)

续上表

动车组类型	国内制造商	代码含义
CRH_{380A}	南车青岛四方 机车车辆股份有限公司	$CRH_{380A(AL)}$:短编组动车为 CRH_{380A},长编组动车为 CRH_{380AL}
CRH_{380B}	长春轨道客车股份有限公司	$CRH_{380B(BL)}$:在 CRH_{3C} 基本上研发的新一代高寒高速动车组,与 CRH_{3C} 相比,持续运营时速由 300 km 提高至 350 km,最高运营时速由 350 km 提高到 380 km,长编组动车为 CRH_{380BL}

动车组应有识别标记,包括路徽、配属局段简称、车型、车号、定员、最高运行速度、制造厂名及日期等。电气化区段运行的动车组,应有“电气化区段严禁攀登”的标识。

动车组型号和车种车号分列车标记和车厢标记。列车标记一般在列车头部两侧喷漆,表示动车组的型号和列车编号,形式为 CRH×-××××(图 5-1)。车辆标记一般在车厢两端车门外两侧喷漆,用于标记车厢车种、制造商、顺序号等(图 5-2)。车辆标记的前两位表示车种代码,使用汉语拼音缩写,分别为:一等座车 ZY,二等座车 ZE,软卧车 RW,硬卧车 YW,餐车(含酒吧车)CA,二等座车/餐车 ZEC,餐车卧车合造车 CW,一等座/观光座合造车 ZYG,二等座/观光座合造车 ZEG。第 3 位数字为技术序列代码,可用于区分型号及制造商。第 4～6位数字表示制造顺序,由厂家负责编号。末两位为编组顺位代码,以两位阿拉伯数字表示,由 1 位头车至 2 位头车的代码为 01、02、03、04、05、06、07、00。

三、动车组列车的编组

动车组列车一般为每列 8 辆编组,CRH_1、CRH_5 型为 5 动 3 拖,CRH_2、CRH_3 型为 4 动 4 拖。单列动车组为固定编组,运用状态下不得解编,两列同型动车组可重联运行,即将两组动车组车底连挂在一起作为一个列车车底运行。

图 5-1　动车组列车标记

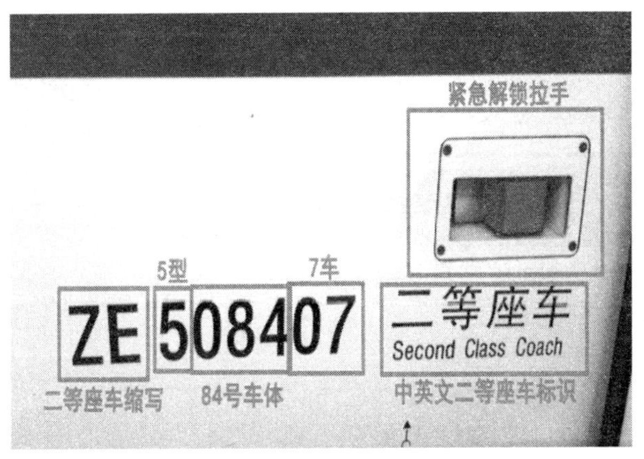

图 5-2　动车组车辆标记

目前我国的动车组车厢席别设置有一等座车、二等座车、商务车、软卧车、一等座/观光座合造车、二等座/观光座合造车、餐车(含酒吧车)、二等座/餐车合造车、餐车卧车合造车等。

2012 年 9 月 15 日起，全国动车组座位席号进行了统一编制，车票上的数字表示排号，座椅位置将用 A、B、C、D、F 共 5 个字母表示，具体座位号则类似于飞机的“数字＋字母”形式。动车组列车二等座车每列设有“3+2”方式排列五个座位,以“A、B、C、D、F”代表;一等座车每列设有“2+2”方式排列四个座位,以“A、C、D、F”代表。无论是一等车厢还是二等车厢,带字母“A”和“F”的座位靠窗,带字母“C”和“D”代表贴近中间过道,B则为三人座中间座席,如图5-3所示。自2010年11月起车站的售票系统升级后,旅客在车站售票窗口或自助售票机购票,均可选择席位属性和车厢位置。

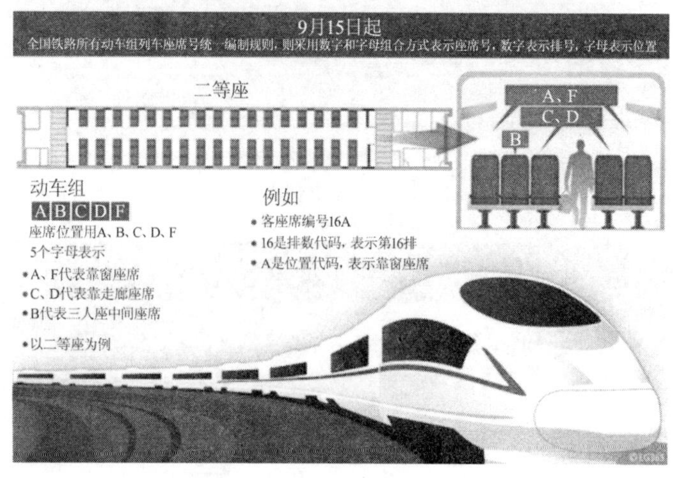

图5-3 动车组列车座位席号

第二节 动车组列车客运安全设备

为保障动车组运行安全,动车组列车在设计、制造上采用了许多新技术、新工艺。动车组具有高强度的铝合金和不锈钢车体,确保了整车的安全性。大容量的密接式车钩缓冲装置,可以有效地缓冲各种冲击能量。完善的列车网络控制系统,便于实现信息化管理,还具有自诊断功能。动车组所选用的非金属材料均严格按照国际的防火标准执行,重要设施都具有防火措施。先进的防火报警系统,确保发生火灾时,动车组能够驶离不宜停车的地段。车厢两端的防火设计,确保在 15 min 内火灾不会蔓延到邻车。

动车组列车按要求需要配备灭火器、紧急制动阀(手柄或按钮)、烟雾报警器、应急照明灯、防火隔断门、紧急门锁、紧急破窗锤、气密窗、卫生间紧急呼叫按钮、防护网(带)、应急梯、过渡板、应急手电筒、手持扩音器等安全设备设施和应急备品。除此之外,有的还配有车辆车钩、接地杆、验电笔、令克棒、绝缘手套、绝缘靴、安全带、安全帽等。各项设备、备品要求配置齐全,作用良好,定置定位。动车组应急备品存放在备品柜内的由车辆部门保管,存放在储物柜内的运行中由客运部门保管。

列车乘务人员在列车运行中应当注意对列车安全设备的管理,制止扳动、触碰安全设备等不安全行为。下面对动车组主要客运安全设备予以简单介绍。

一、紧急停车装置

《动车组列车旅客运输管理办法》规定:“列车运行中发生火灾爆炸时,列车乘务人员应当立即按下紧急停车按钮或扳下紧急制动手柄紧急制动列车,将旅客疏散到安全车厢,有防火隔断门的,应当关闭防火隔断门,并将情况通报司机及列车长。司机和列车长应当迅速启动应急预案。”

CRH_2 型动车组在各车厢客室门上方显示屏左边,有紧急制动按钮和防火应急按钮(图 5-4)。当列车发生火灾等紧急情况需要停车处理时,按下紧急停车按钮,蜂鸣器报警且司机和乘务员室的 MON 显示屏显示报警信息,司机根据情况进行停车处理。同时乘务员应通知列车长、机械师、乘警赶赴现场,进行处理。

CRH_5 型动车组的紧急制动阀设置在列车客室两端座席对面的墙壁上(图 5-5)。当动车组列车发生紧急情况需要停车时使用,使用时按照指示图先上提后下压取下防护罩(有的车没有防护罩),向下拉动手柄至底部(约 5～10 cm),提示司机制动,如司机判明可继续行车时(3～5 s),司机可操作将紧急制动复位,列车缓解后可继续运行;列车停车后列车乘务员应使用三角钥匙将紧急制动阀复位。

图 5-4　CRH2 型动车组紧急停车装置

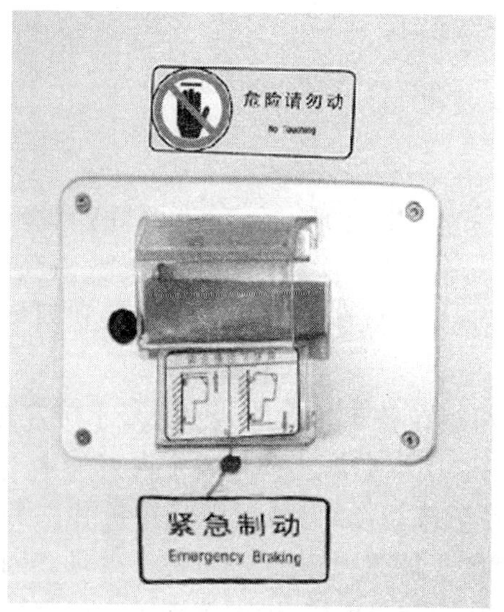

图 5-5　CRH5 型动车组紧急停车装置

CRH3 型动车组的紧急制动阀设置在 1～8 车车厢内一、二位端各 1 个，1、8 车观光室各 1 个，4 车乘务室内 1 个，每组列车设置 19 个。CRH3 型动车组列车紧急停车装置使用时不必先行破封，直接将阀手柄向下拉动至底部，即可松手，列车停车后用钥匙将紧急制动阀复位。

使用后动车组逐步减速，在规定时间内，司机可以复位紧急制动。如司机判明可继续行车时，司机可操作将紧急制动复位，列车缓解后可继续运行。

CRH$_{380A}$ 型动车组列车紧急停车装置设在乘务员室和机械师室各 1 个，共 2 个。使用时不必先行破封，打开保护盖，拉下紧急制动，在动车组完全停车前，不得松手，迫使动车组就地制动。

CRH$_{380B}$ 型动车组列车紧急停车装置（图 5-6）设在 1 车、5 车、8 车各 3 个，2 车、3 车、4 车、6 车、7 车各 2 个，两端司机室各 1 个，共计 21 个。当动车组列车发生紧急情况需要停车时，不必先行破封，只需直接将手柄向下拉至底部，列车停稳后应使用四角钥匙将紧急制动阀复位。

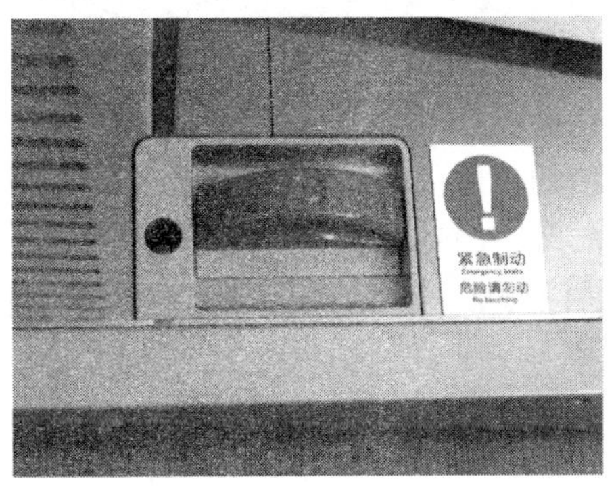

图 5-6　CRH$_{380B}$ 型动车组紧急制动阀

二、防火隔断门

1. 防火隔断门的性能

动车组列车防火隔断门采用具备防火性能的不锈钢材质，发生火灾时，能够阻止或延缓火势蔓延，最长阻燃时间一般为 30 min。其作用是将相邻的两节车厢隔断，避免浓烟呛到其他车厢的旅客，也能集中区域扑灭火苗。图 5-7 为 CRH$_5$ 型动车组防火隔断门。

图 5-7 CRH_5 型动车组防火隔断门

2. 防火隔断门的使用

动车组发生火灾,需要隔断起火车厢与其他车厢时使用防火隔门。使用防火隔断门时必须确认需要隔离的车厢所有人员全部撤离方可锁闭隔断门。

防火隔断门的使用方法是在需要隔离起火车厢时,拽出隐藏在车辆连接两侧的防火隔断门,关紧并使用车钥匙加锁。

3. 各型动车组防火隔断门配备

CRH_3 型动车组配备 7 个防火隔断门,3、5、6 车均在车厢二位端,2、7 车一二位端各 1 个。

CRH_5 型动车组配备 14 个防火隔断门,1、8 车均在车厢二位端,2～7车一二位端各 1 个。

CRH_{380A} 型动车组配备 8 个防火隔断门,2～8 车的一位端各有 1 个,在 4 车两端各有 1 个。

CRH_{380B} 型动车组配备 14 个防火隔断门,1 车、5 车、8 车二位端各 1 个电动防火门、其余 11 个为手动防火门。

三、灭火器

动车组在列车各部位配备了干粉式灭火器和手提式水雾灭火器（图 5-8）。不同型号列车配备数量和位置略有不同。

图 5-8 动车组列车灭火器

CRH2 型动车组列车配备灭火器分为干粉和水雾两种，每节车厢每种各两具共 4 具，每个司机室各有 5 kg 二氧化碳或 5 kg ABC 干粉灭火器 1 具，固定放置在便于取用的位置，7 车乘务室有 1 具 2 kg 干粉灭火器，每组列车灭火器共有 35 具。

CRH3 型动车组列车配备灭火器分为干粉和水雾两种，每节车厢每种各两具共 4 具，其中两端车厢（1、8 车）两具在司机室，每组列车灭火器共有 32 具，位置在每节车厢两端。

CRH5 型动车组列车配备灭火器分为干粉和水雾两种，每节车厢每种各两具共 4 具，每组列车灭火器共有 32 具；位置在车厢一位端处并排两具,另一端厕所风挡处每侧1具,两端车厢(1、8车)其中两具在司机室。

CRH_{380A}型动车组列车配备灭火器分为干粉和水雾两种,每节车厢每种各两具共4具,两端司机室各1具(干粉),餐车厨房2具(水雾),每车4具(干粉、水雾各2具),每组列车共有36具。

CRH_{380B}型动车组列车配备灭火器分为干粉和水雾两种,1～8车共计16具2 kg干粉灭火器、14具2 L水雾灭火器,两端司机室内各1具4 kg干粉灭火器,餐车后厨为2具4 L水雾灭火器,共计34具。

灭火器使用的相关知识请参照本书有关章节。

四、紧急逃生窗及紧急破窗锤

1. 紧急逃生窗和紧急破窗锤的使用

动车组每节车厢四角设有逃生窗(图5-9),用于突发紧急情况需要迅速组织逃生疏散通道。紧急破窗锤(图5-9)是在紧急情况供旅客逃生使用的。当列车发生火灾爆炸等紧急情况时,等列车停稳后选择没有线路的一侧,握住紧急破窗锤把手,用力向外侧拔出,拔出时铅封即开,对准车窗上击打位置红点标记,用力击打,利用把手外侧将未完全脱落的玻璃推向车体外侧,注意操作时手的安全。

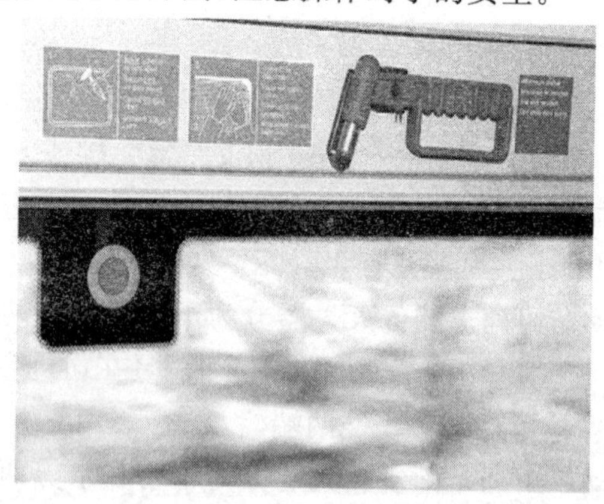

图5-9 紧急逃生窗和紧急破窗锤

2. 紧急破窗锤的配备

CRH_2 型动车组全列配备 32 个紧急破窗锤，放置在各车车厢两端两侧墙壁上共 4 个，每节车厢的四个角的车窗玻璃可以击碎。

CRH_3 型动车组全列共配备 42 个紧急破窗锤，放置在 8 车四角，4 车座席区四角各 1 个，其余车厢四角及中部各 1 个。

CRH_5 型动车组全列配备 32 个紧急破窗锤，放置在各车厢行李架两端两侧共 4 把，餐吧车在餐吧区两侧墙壁上设置两个，客室行李架两端两侧各 1 个，每个安全锤配备长两米左右保险绳。

CRH_{380A} 型动车组全列配备 32 个紧急破窗锤，每节车厢内两端角部共设置 4 个紧急破窗锤。

CRH_{380B} 型动车组全列配备 42 个紧急破窗锤，分别位于车厢四壁，其中 1 车、5 车、8 车各 4 个，2 车、3 车、4 车、6 车、7 车各 6 个。

五、防护网

1. 防护网的使用

动车组列车配备安全防护网目的是在动车组空调失效时，解决车内透气而安装的一种防护措施。动车组列车空调失效超过 20 min，需要开门通风时，必须安装防护网加以防护。图 5-10 为 CRH_5 型动车组防护网。

安全防护网使用方法及注意事项：

(1)打开防护网。

(2)检查防护网状态。

(3)固定防护网(安装在非会车一侧)。

(4)随车机械师确认是否安装牢固。

(5)开启车门，客运人员负责防护。

开启车门运行时，列车调度员需向沿途各站及司机下达“××次因空调失效开放部分车门运行，限速 60 km/h(通过高站台时限速 40 km/h运行)”的调度命令。

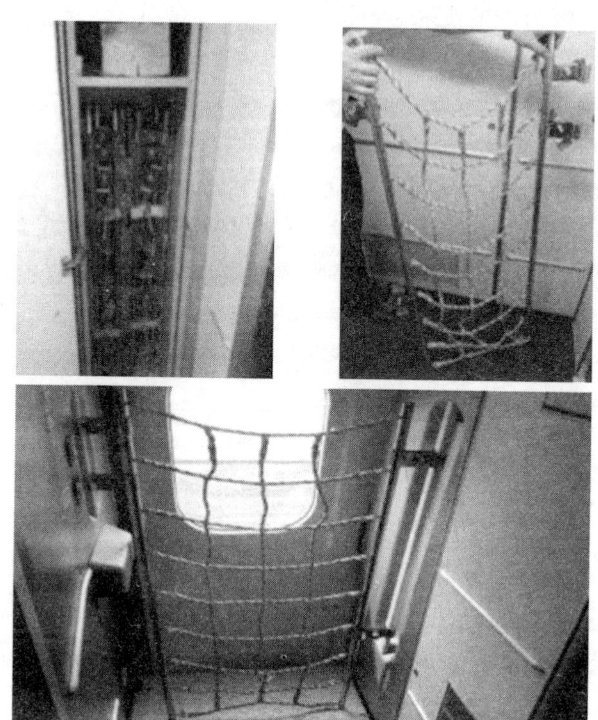

图 5-10 CRH_5 型动车组防护网的设置

2. 防护网的配备

CRH_1、CRH_2、CRH_3、CRH_5 型车每 8 辆编组配备防护网 8 套。

CRH_2 型动车组配备 8 套安全防护网，分别放在 3 车、7 车的备品柜内，各放 4 套。

CRH_3 型动车组配备 8 套安全防护网，放在 4 车逃生梯室内。

CRH_5 型动车组配备 8 套安全防护网，分别放在 1 车、8 车的备品柜内，各放 4 套。

CRH_{380A} 型动车组配备 8 套安全防护网，放在 5 车的备品室内。

CRH_{380B} 型动车组配备 8 套安全防护网，放在 2 车的备品柜内。

六、应急梯

1. 应急梯的配备

动车组列车需配备应急梯，用于在紧急情况下将旅客转移到地面上。图 5-11 为动车组列车应急梯。

图 5-11　动车组列车的应急梯

CRH_2 型动车配备 2 套应急梯，放置在 1 车、8 车司机室或 7 车备品柜内，列车需向车下疏散旅客时使用，使用时由机械师协助将伸缩梯打开，固定放好，乘务人员做好防护。

CRH_3 型动车配备 1 套应急梯，放置在 4 车二位端逃生梯室内。

CRH_{380A} 型动车配备 2 套应急梯，放置在 1 车、8 车备品柜各 1 套。

CRH_{380B} 型动车配备 4 个应急梯，放置在 5 车备品柜内。2 个应急梯可组成 1 套应急逃生梯，供向地面疏散旅客使用。

2. 应急梯的使用

在紧急情况下需要将旅客疏散至地面上时，方可使用应急梯(图 5-12)。使用应急梯时，乘务员必须先下车，协助旅客安全下车疏散。应急梯的使用步骤是：

取出应急梯，拿到指定位置。

(1)打车车门。

(a)

(b)

图 5-12　CRH_{380B}动车组应急梯

(2)架设应急梯。

(3)确认稳固。

(4)专人防护。

七、过渡板

1. 过渡板的使用

遇动车组列车发生故障,需要将乘客从故障动车组转移至相邻线路的动车组时使用,实现故障动车组上的人员平移到救援动车组。

使用时取出渡板,拿至指定位置,由本务机械师协助将伸缩渡板打开,旋紧旋钮加固,把防护栏装置好(防护栏为绳状装于防护杆上)固定于渡板上的槽内,确认支撑牢固,架设渡板连接两车,两端加固防护,乘务员做好防护。过渡板梯身自带扶手,向上拉起,用套管将扶手固定即可。

2. 过渡板的配备

CRH_2 型动车组配备 2 套过渡板,按规定分别放置在 3 车和 7 车备品柜内。

CRH3 型动车组配备 1 套过渡板，放置在 4 车二位端逃生梯室内。

CRH5 型动车组不配备过渡板。

CRH380A 型动车组配备 2 套过渡板，按规定分别放在 3 车、7 车备品室内。

CRH380B 型动车配备 4 个应急梯，2 个应急梯可组成 1 套过渡板，放置在 5 车备品柜内。应急渡板不能同时通过超过 500 kg 或 3 人以上。

八、站台补偿器

CRH3 型、CRH5 型、CRH380B 型等部分型号动车组列车设置站台补偿器。图 5-13 为 CRH5 型动车站台补偿器，图 5-14 为 CRH380B 型动车站台补偿器。设置站台补偿器是为了补充站台与车体之间的空隙，防止旅客下车时因踩空发生意外。当站台补偿器失去自动功能时，可使用钥匙手动打开补偿器，站台补偿器方可落下，收起时需用手将补偿器搬起不得松手，同时用钥匙将手动开关关闭即可，此操作必须在车门关闭前完成，否则车门无法关闭。

图 5-13　CRH5 型动车站台补偿器

对于冬季运行在北方地区的动车组列车，因冬季严寒，动车组列车在运行过程中或站停时间较长时，都可能出现补偿器下部结霜冻结现象，影响补偿器开启和收回。这时列车工作人员应做好提前预想，在多发区段安排人员看守车门，出现问题及时使用手动方法进行开闭，以免影响列车运行。

图 5-14　CRH_{380B} 型动车站台补偿器

九、紧急通风装置

动车组发生断电空调系统故障时，紧急通风装置可以通过蓄电池供电，使客室内通风换气系统能继续正常运转。动车组列车一般在每节车厢顶棚处设有针孔状紧急通风系统。在每节车厢内墙板下侧板条缝内侧设有吸气装置，过道处的吸气装置设在车厢两端过道处顶棚上。CRH_2 型、CRH_{380A} 型动车组在一位端及二位端备品柜内侧墙壁上设开风口，在开风口设有气密阀机构、风机及通风格栅，CRH_3 型动车组设置在每节车厢顶棚处。在动车组发生断电或临时故障时，紧急通风装置自动启动，用来维持车内空气流通，一般最长可维持通风 30 min，CRH_{380A} 型动车组持续时间稍长，约 2 h。

十、烟雾报警器

烟雾报警器的主要性能是烟火报警主机通过电流环与终端装置通信，将每个烟探头的状态发送给终端装备，起到报警和及时应对的作用，这些信息并应在随车机械师的显示屏上显示。烟雾报警器分布贯穿整列车，在司机室、乘务员室、厕所、电器柜、PIS 柜内，以及客室区、厨房区域车顶上设有探测器。

动车组全列禁止吸烟，动车组列车应做好禁烟宣传，乘务人员加强巡视，特别是加强对厕所的巡视检查，及时制止吸烟行为。

如果旅客吸烟引起烟雾报警器报警，将导致列车紧急制动停车。发生烟雾报警列车紧急制动时，列车长要第一时间赶到现场确认，并及时与司机沟通，说明停车原因，及时恢复行车。乘警要调查当事旅客，并及时向上级管理部门汇报。

第三节　动车组列车安全管理

列车乘务人员在列车运行中应当注意对列车安全设备的管理，制止搬动、触碰安全设备等不安全行为。

一、车门管理

(一)车门指示灯及状态

CRH5 型动车组车门内侧上方有红色、绿色、白色三个显示灯(图 5-15)，在通过台区的内部可见。绿灯表示车门正常，车门完全关闭、锁定且踏板收回；红灯表示车门故障，车门未完全关闭或踏板未收回；白灯表示车门隔离、停用。

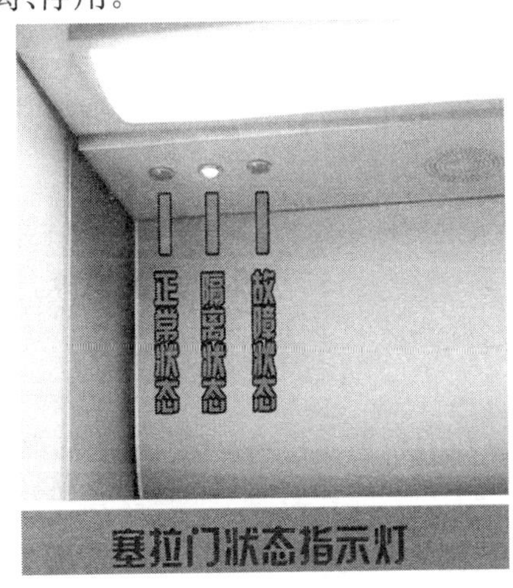

图 5-15　CRH5 型动车组车门指示灯状态

(二)车门手动开启与关闭方法和注意事项

动车组列车车门的开启和关闭由司机操控。列车乘务人员在车门关闭后,不得随意开启车门;遇特殊情况必须开启车门时,须先由列车长确认列车未启动,得到司机同意后方可开启车门;再次关闭后,由列车长逐辆确认车门状态,通知司机已关闭车门,由司机确认车门状态后方可动车。列车运行中如车门发生故障,危及人身安全时,现场发现人员应立即采取临时安全防护措施,并通知机械师处理。列车停车时车门发生故障,列车乘务人员可采取手动开关车门。

1. 各型动车组车门的手动开关方法

CRH_2 型动车组每辆车侧门的上方各有一个紧急开门阀,在车门需手动打开的情况下,可通过操作车内侧门上部的气阀,将侧门气缸里的空气强行进行排气,然后手动可以打开门。

CRH_{380A}、CRH_{380AL} 型动车组每辆车侧门和上方各有一个紧急开门装置,手动开门时:

(1)用钥匙打开保护盖小门。

(2)向下拨动把手至垂直位置。

(3)拉动车门。

关门操作程序与开门相反。

CRH_3 型、CRH_5 型动车组车门一侧电控挡罩上设有手动解锁车门装置(图 5-16),车速小于 15 km/h 时,可紧急解锁开门。手动解锁车门装置有以下两种使用方法:

(1)用三角钥匙向左侧拧动紧急三角锁,同时蜂鸣器蜂鸣,向下搬动车门紧急解锁拉手至 90°位置后拉动车门打开,将车门向一侧推动(关闭时用三角钥匙将侧面的紧急三角锁向右拧到位同时车门无蜂鸣即可)。

(2)直接将紧急开门按钮外部防护罩按破后,按住按钮,再将车门紧急解锁拉手向下搬动至 90°位置后拉动车门。

CRH_{380B} 型动车组紧急解锁方法与 CRH_5 型车基本相同,只是使用四角钥匙操作。图 5-17 为 CRH_{380B} 型动车车门控制装置。

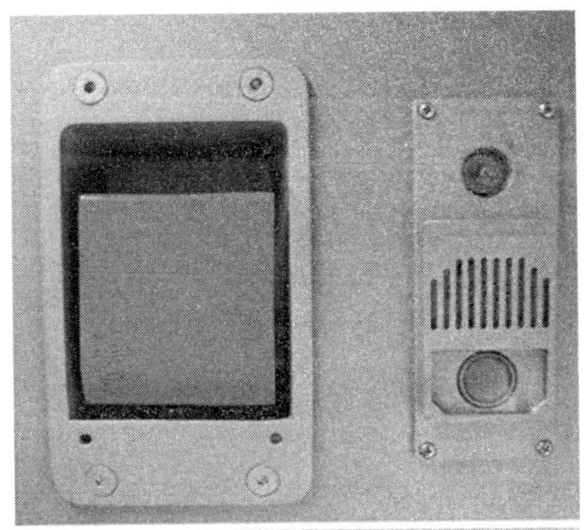

图 5-16　CRH_5 型动车车门紧急解锁装置

图 5-17　CRH_{380B} 型动车车门控制装置

2. 各型动车组手动开启车门时的注意事项

车门故障无法自动开启时，应手动开启车门，并通知随车机械师处理；无法关闭时应通知随车机械师处理。使用车门紧急解锁拉手后

应及时复位。手动开关车门时应注意以下事项:

(1)用钥匙打开保护盖小门。

(2)向下拨动把手至垂直位置。

(3)拉动车门。

(4)保证开门阀保护盖及时加锁。

二、安全管理

1. 动车组列车的安全标志

动车组列车车门应有“禁止倚靠”标志,客室、厕所等处所内应有“禁止吸烟”标志。门缝处应有“防止挤手”类安全标志,茶炉面板应有“防止烫伤”类安全标志。另外,根据车内具体的设备设施,在容易引起安全事故的设备旁应设置相应的安全标志。

2. 禁烟宣传

动车组列车的消防安全管理贯彻“预防为主,防消结合”的方针。《动车组列车服务质量暂行规范》要求动车组全列禁止吸烟,并做好禁烟宣传,乘务人员应加强巡视,特别是加强对厕所的巡视检查,及时制止吸烟行为。

在动车组列车上吸烟会引发烟雾报警器报警,造成临时停车,影响本列车组的运行时间,甚至影响后续列车的运行秩序,使旅客不能正点到达;而且未熄灭的烟头,投放在垃圾箱或其他处所易引发火情,危及旅客人身财产的安全,所以动车组各部位均不得吸烟。列车乘务员发现旅客吸烟必须及时制止。

加强动车组禁烟宣传应做到:

(1)车厢内应设置禁止吸烟标志。

(2)通过图形标志、电子显示屏提示旅客不要在车内任何部位吸烟。

(3)通过广播宣传禁止旅客吸烟。

(4)加强车内巡视,对有吸烟意向的旅客可以提示在停站时到站台上吸烟。

(5)闻到烟味或发现吸烟的旅客时劝阻,防止发生危险。

3. 电器及插座使用安全

动车组上电器设备较多,安全使用电源,正确使用电器设备,是保证列车安全的前提。公共区域的电源插座可以保证符合功率范围的小型电器正常使用,不能使用大功率用电设备。配电室(箱)、电气控制柜应锁闭,严禁堆放物品。餐车配备的冰箱、电烤箱、微波炉、电磁炉等电器及各车厢的电茶炉插座、插头应安装牢固,保持清洁,周围不得放置杂物。餐饮炉具使用时,操作人员不得离岗,做到人离断电。

4. 行李物品放置

《动车组列车服务质量暂行规范》要求行李架、大件行李存放处物品摆放平稳牢固;行李架不得放置锐器、铁质、易碎物品,衣帽钩仅限挂衣帽、服饰等物品。小桌板仅限放置轻质物品。配电室(箱)、电气控制柜、餐车配备的冰箱、电烤箱、微波炉、电磁炉等电器及各车厢的电茶炉插座、插头周围严禁堆放物品。

三、防寒备品管理

冬季北方运行的动车组一旦发生设备故障,将直接影响到动车组列车供电和供暖。为解决车内温度下降,旅客需临时增添保暖外衣问题,冬季北方运行的动车组列车配备了旅客防寒备品,主要有防寒被和防寒羽绒服两种。防寒被、防寒羽绒服外面印有“铁路防寒备品”标志。

1. 防寒备品管理

每组动车组车体配备防寒被 8 件、羽绒服 100 件。防寒备品首次采购,由铁路局进行集中采购。因防寒备品在使用过程中未能回收或丢失的,由客运段负责补充。

(1)防寒备品经真空压缩后打包固定放在动车组指定的备品柜内。

(2)防寒备品柜钥匙由客运段保管,并实行交接管理,其他部门和人员不得配备防寒备品柜钥匙。

(3)出乘列车长必须对防寒备品进行检查。

(4)动车组入厂检修前,客运段将防寒备品移到新车体或在指定地点存放。入厂前,客运段将备品柜定位于开锁状态。

(5)每年4月1日起,客运段将全部防寒备品从备品柜中取出,在指定地点保存。保存前,按5%的比例,对防寒备品进行检查,检查是否发霉、有异味的现象,需要进行清洗、晾晒后存放。每年11月30日,由客运段将防寒备品按要求放入动车组固定备品柜内。

2. 防寒备品使用

(1)动车组因停电或故障造成长时间停车,车内温度低于+10 ℃或重点旅客需要时,可为旅客发放防寒备品。

(2)鉴于动车组列车客室存放空间的限制,车上防寒备品数量有限,发放标准暂定为老弱病残孕等重点旅客和少数衣着单薄的旅客发放,即首先保证最需要的旅客使用防寒备品,并做好发放登记。

(3)防寒备品发放后,由动车组客运乘务人员做好登记,登记内容主要有旅客姓名、车票席位号、备品名称等,婴幼儿及儿童使用时登记监护人身份信息。

(4)防寒备品使用后,由客运班组按数收回。车体入库后,由客运段按真空、压缩、打包的方式重新进行包装,放入备品柜中。对已经使用过的防寒备品,需要在包装袋用不干胶式标签注明“已用”。

复习思考题

1. 我国动车组列车分为哪几种型号?动车组列车座位席号是如何设置的?

2. 动车组列车的安全设备设施和应急备品主要有哪些?

3. 安全防护网在什么情况下使用?使用方法及注意事项是什么?

4. 简述一种车型的动车组列车手动开关车门方法。

5. 加强动车组列车禁烟宣传应做到哪些?

6. 动车组列车防寒备品使用有什么规定?

第六章　冬季旅客列车作业

提高旅客运输服务质量，保证安全、舒适、快捷的把旅客送达目的地，是客运服务的根本宗旨。在这一过程中，客运部门要调动多部门、各工种共同发挥作用，协调配合，才能有效完成旅客运输任务。冬季旅客列车乘务作业、列车整备作业和临客旅客列车开行组织是冬运中的重中之重，这里分别予以简要介绍。

第一节　冬季旅客列车乘务作业

作为客运乘务员，必须熟悉和掌握旅客列车乘务作业程序和作业标准，在实际工作中认真落实作业程序，严格执行作业标准，遵守列车管理各项规定，履行工作职责，保证广大旅客乘车安全，提供良好服务。

客运列车乘务作业可以分为出乘作业、接车作业、始发作业、途中作业、折返站作业和终到作业等六个环节。下面结合冬季季节特点和要求对冬季乘务作业要求予以说明，内容仅做重点提示，可结合本局、本段作业标准共同学习。

一、出乘作业

1. 准备出乘

(1)按规定时间到学习室，要根据冬季天气情况，早出门，避免迟到。

(2)准备资料：出乘备品、资料、证件、簿册齐全。

(3)整理着装仪容：按规定穿棉大衣和冬季鞋帽，胸章佩戴位置在大衣左胸,与冬装佩戴位置统一,着装统一规范,仪容整洁。

2. 出乘学习

(1)听取列车长重点工作事项传达,针对趟班天气做好锅炉焚火、电器设备操作、人身安全、重点服务和卫生清洁等方面的重点提示,做到本趟重点工作任务明确,做好劳动安全预想预防活动。

(2)认真抓好学习,掌握重点,对于空调电器设备、锅炉交接注意事项、锅炉强迫循环、锅炉补水等进行重点学习,达到人人过关。

二、接车作业

按照乘务组织安排,可以组织乘务员在库内接车或站台接车。

(一)入库接车作业

1. 入库接车

(1)集体列队行走,步调一致。带箱包行走时,戴棉手套,箱包携带位置统一,动作一致,按规定线路图行走,注意脚下积冰积雪,防止滑倒、摔伤,做好防护。

(2)通过线路时,应走天桥、地道;无天桥、地道时,应走平交道,并严格执行"一停、二看、三通过"制度。注意左右来往机车、车辆动态及脚下障碍物,严禁钻爬车底、跨越车钩。集体通过道口前,应集中确认人员到齐后,指定专人防护,确认无通过列车和调车作业后,方可迅速通过道口,防止发生意外。

(3)顺线路行走时应走路肩,不走轨心、轨面和轨枕头,并随时警觉前后列车,注意机车、车辆运行和货物装载状态。禁止在运行中的机车、车辆前抢越线路。

(4)按指定车门登车,注意脚下,冬季穿着笨重,行动不便,要抓牢扶手,踏实踏稳,小心慢上。登车后箱包定位摆放,严禁入库后私自外出。

2. 检查设备设施

按照项点全面检查,发现问题填写在"乘务工作日志"上,并向列车长报告。

3. 检查外悬挂物

防护栏捆绑牢固，方向牌、固定外顺号牌粘贴平直，无翘边现象；检查上水、上煤及车厢温度，供水系统无故障，水量、煤量充足，车内温度达标，发现问题报告列车长。

4. 验收交接

检查验收车内保洁质量，锅炉焚火质量，督促保洁人员整改存在的问题；对窗帘、座套等备品进行交接，对丢失、破损备品按规定进行赔偿、更换；发现问题报告列车长处理，确认后交接签字。

5. 巡视车厢

各种门、窗、室按规定加锁，车内无闲杂人员，发现问题及时报告列车长。

(二)站台接车作业

1. 集体列队行走，步调一致

带箱包行走时，戴棉手套，箱包携带位置统一，动作一致，按规定线路图行走，注意脚下积冰积雪，防止滑倒、摔伤，做好防护。到站台后按照指定车厢位置面向列车列队接车。

2. 认真交接

与交班班组乘务员对服务备品、设备设施、重点旅客、列车卫生、锅炉焚火备品、锅炉状态等事项进行对口交接，对存在的问题报告列车长，做好整改。

三、始发作业

(一)始发前作业

1. 立岗

(1)列车广播出场后，戴手套，高寒地区戴棉帽，手套要分五指，帽子要有耳孔，不能戴耳包等妨碍视听的装束，确保作业安全。在列车长统一指挥下，打开车门，定位、统一、安全、牢固地安放安全渡板及安全警示带。

(2)用干抹布擦抹车门扶手，动作一致，清洁达标。不能使用湿抹布或使用清水冲刷,防止结冰。

(3)沿站台安全白线外沿行走,到列车方向牌处停步、转体、擦抹。然后行走至外顺号牌处,用干抹布进行擦抹作业,顺原路返回。

2. 始发迎接服务

(1)站位:出场车门,面向旅客来向,脚踩渡板。

(2)仪态:两臂自然下垂,五指并拢略弯曲,中指贴于裤缝,身体自然挺直,两眼平视,表情自然大方。

(二)始发后五步作业

第一步:车门管理。列车启动关、锁车门,面向站台行注目礼,身体位于车门中部,通过车窗瞭望口做好瞭望,出站台检查瞭望四门、开厕所,互检相邻车厢四门。

第二步:擦抹通道、通过台。由列车运行方向端开始,向后退行擦抹作业,地面清洁无泥垢、无烟头、无口香糖痕迹。清理通过台时,拖布必须拧干,防止形成浮冰,雪天及时清理通过台处的积冰积雪,使用防寒垫防止风雪。

第三步:车内整容。

(1)行李架平稳牢固、外沿平齐,做到大不压小、重不压轻,无铁器、锐器和易碎物品。

(2)衣帽钩仅限挂衣帽、服饰,对挂包和重物的进行宣传清理。

(3)对堵塞通道、洗面间、门口等处的大件物品进行清理,保证畅通和旅客使用。

第四步:登记重点旅客,进行安全宣传。

第五步:对车窗及重点安全部位和“三品”进行检查。

四、途中作业

1. 途中五步作业

第一步:检查。检查车门、锅炉门、配电室门、车窗是否锁闭,电器设备运用、锅炉焚火情况及车内温度状态是否达标。

第二步:收倒。对茶桌和烟灰盒进行清理,及时回收硬质包装物品,做到垃圾不落地,桌面无杂物。对通过台散落煤及积冰积雪要及时清除。

第三步:擦抹。对洗面间、通过台、照面镜、垃圾箱、电茶炉、地面等部位进行擦抹。做到地面无积水,厕所冲刷及时,无积便、无积水、无异味,照面镜光亮、无水渍,锅炉室内各阀、管路、炉体表面无浮灰,锅炉室地面冲刷干净,无煤渣。

第四步:整容。对车内行李架、衣帽钩、窗帘、座席套、头靠套进行整理不脱落;通过台、过道、洗面间、车门口无大件、沉重物品堵塞、占用。

第五步:组织。到站通告站名、站停时间,引导重点旅客到车门口等候下车,做好安全宣传。

2. 到站前作业

(1)按照途中五步作业程序、标准作业。

(2)加锁厕所。市区、长大隧道、大桥和站停 3 min 以上停车站,到站前提前 5 min(省会所在地城市、直辖市和列车终到站,提前 10 min)加锁厕所,集便器列车吸污站加锁。

(3)车门立岗进站。列车进站前提前出场车门立岗,到站前试开车门,防止门缝结冰,车门冻死,打不开车门,造成旅客坐过站或抢上抢下。

3. 站停作业

(1)列车进站停稳后,打开车门,卡牢翻板,高站台安放安全渡板,用干抹布擦扶手。

(2)组织旅客乘降。组织旅客先下后上,看票上车。做好安全宣传,重点旅客扶下扶上,注意脚下,防止滑倒摔伤。列车上下超过 30 人以上时,必须双开车门(高站台除外)。双开车门时,乘务员站在两车门中间站台安全白线处立岗,面向车门组织旅客乘降。站停时间较长时要做好宣传随时关闭端门,防止天冷,空气形成对流,造成车内温度降低幅度大。及时清理车梯处积雪、煤屑。

4. 开车后作业

按照列车始发五步作业程序、标准作业。

五、折返站作业

1. 终到前作业

(1)全面清扫。地面清洁干净,无污渍、无杂物。锅炉室内地面无煤渣,炉灰水浸装袋,炉灰袋、垃圾袋封口放在车厢连接处一角。

(2)整理车容。乘务员室洁净,玻璃及端门玻璃光洁;洗面间台面干燥、无杂物、排水管(孔)不堵不冻,照面镜光亮;厕所便器光亮,无积水、无异味、无污物、无冰冻。遮光帘分别放两端窗帘钩内,纱帘抻直拉平。

(3)整理备品。清扫用具、焚火工具、资料、簿册定位统一,整齐规范。

(4)组织引导。宣传提示旅客整理好随身携带物品,准备下车。帮助重点旅客,组织、引导旅客有序下车。

(5)车门立岗。提前立岗、试开车门,做好出场准备。

2. 终到作业

(1)乘降组织。擦抹扶手、翻板卡牢(高站台安放渡板)、组织旅客有序下车,做好安全、防滑倒、摔伤宣传,扶老携幼。旅客下车完毕后统一登车,锁闭车门。

(2)巡视车厢。检查旅客遗失物品,发现后及时报告列车长、乘警到场处理。

3. 留守看车

按照列车长要求留守看车。检查车门、车窗、锅炉及电源关闭状态。坚守岗位,恪守职责。按照规定对焚火锅炉进行巡视检查,严禁饮酒、吸烟、打牌、私自外出及闲杂人员在车内逗留,确保安全。

4. 用餐

由列车长带队统一用餐,按规定路线到指定用餐地点就餐,不准私自外出和横越线路,餐后随同班组原路返回列车(公寓)。

5. 公寓(列车内)保休

由列车长带队统一到公寓(列车内)进行保休。

6. 参加返程会

听取列车长往程工作总结及返程工作部署，认真做好记录，上级要求掌握清楚，本趟重点工作任务明确。

7. 返程整备作业

按始发出库标准始发整备，与往程始发出库标准相同。

六、终到作业

1. 终到前作业

参考折返站终到前作业。

2. 终到作业

(1)乘降组织。擦抹扶手、翻板卡牢(高站台安放渡板)、组织旅客有序下车，做好扶老携幼。旅客下车完毕后统一登车锁闭车门。

(2)巡视车厢。检查旅客遗失物品，发现后及时报告列车长、乘警到场处理。

(3)办理交接。与接车人员(接班班组乘务员)进行备品、锅炉、终到卫生全面交接，并做好签字。

3. 退乘作业

(1)列队退乘。两列纵队，步伐一致，按规定线路图行走，做好防护，统一到派班室办理退乘。

(2)参加退乘会。听取列车长乘务工作总结及考评意见。

第二节　冬季旅客列车整备作业

旅客列车在运用前，需要经过整备作业才能保证列车达到运用要求。列车整备作业包括列车外整备作业和列车内保洁作业两部分。列车外整备作业包括冲刷大顶、清擦车窗、洗刷车皮、上水、上煤和除雪刨冰作业等。列车内保洁作业包括车厢保洁、卧具整理、备品摆放、锅炉焚火等。

一、冬季整备作业安全注意事项

1. 冬季整备作业安全

(1)整备、保洁、上煤、刨冰、焚火、取送卧具、现场防护等人员库内严格按规定线路行走,冬期作业时防止滑到摔伤,内保洁人员、取送卧具人员上下车梯和通过车辆连接处时注意脚下防滑。

(2)整备作业时按规定设置防护,重点是库内大顶作业防护,库外上煤、刨冰和上水、擦玻璃、处理端头等单人作业工种的防护;机动车辆通过道口和线间作业必须设置安全防护,特别是线间存在积冰、积雪时的引导防护。

(3)作业班组出退工库内行走时,必须执行同去同归制度,必须保证职工在库内行走时,行为始终处于受控状态。

(4)上煤、刨冰人员必须认真执行人身安全管理制度,现场作业时注意脚下障碍物,上煤、刨冰作业必须保持安全距离,防止距离过近造成工具伤害。

(5)冬季不具备安全保证条件时绝对禁止洗刷大顶作业。特别是冬季库外坚决杜绝登顶作业,库内大顶有积冰积雪时严禁登顶作业,大顶作业时干部必须在现场监控。

(6)按规定使用劳保用品,整备、上水、上煤、刨冰人员防寒帽耳孔要外露,刨冰人员必须穿防滑底鞋。

2. 冬季防护安全"六必须"

(1)冬季雨雪天气情况下,防护员必须克服困难,坚守岗位,在规定的地点、处所进行防护作业,与被防护对象保持规定的防护距离,严禁精力旁顾,从事与防护作业无关的活动。

(2)冬季现场作业时,必须按规定设置防护,重点是库内大顶作业防护,库外上煤、除雪、刨冰和上水、擦玻璃、处理端头等单人作业工种的防护。

(3)机动车随车防护员必须按规定进行防护作业,加强对上煤、取送卧具车辆通过道口和线间作业时的引导防护，特别是机动车辆在存有积冰、积雪的线间作业时要重点引导防护。

(4)遇冬季雨雪天气造成列车晚点，需要机动车辆上站台进行补煤、取送卧具作业时，随车防护员必须按规定线路引导机动车行驶，防止机动车辆侵限、超速或与旅客产生对流。

(5)现场作业时必须落实防护员派工单制度，严格执行先防护、后作业，作业停、防护撤的顺序；同时，作业开始前、结束后作业人员要按规定联络防护员，并在防护员派工单上签字。

(6)冬季除雪、刨冰作业时必须单独设置防护员，每名防护员白天只能为两个作业班组担当防护，两组作业人员的前后距离不超过40 m，左右距离为邻线或隔一股道，超过上述范围，需加设防护员；夜间每名防护员只能为一个班组担当防护。

3. 冬季人身安全“六必须”

(1)冬季雨雪天气情况下，职工现场作业必须有干部监控，库外整备作业停止时，要重点监控上水、上煤、线间除雪、刨冰作业。

(2)作业人员必须按规定使用劳保防护用品，不准穿连体衣帽服，整备、上水、上煤、除雪、刨冰人员防寒帽耳孔要外露，除雪、刨冰人员必须穿防滑底鞋。

(3)作业人员库内行走作业时，必须注意脚下障碍物，防止绊倒、滑倒、摔伤，内保洁人员、取送卧具人员上下车梯和通过车辆连接处时注意脚下防滑。

(4)作业人员出退工库内行走时，必须执行同去同归制度，雨雪天气绝对禁止职工单人库内行走，调特殊情况必须经负责人同意后，2人以上同行按规定线路行走。

(5)冬季库外必须坚决杜绝登顶作业，库内大顶有积冰积雪时严禁登顶作业，大顶作业时干部必须在现场全程监控。

(6)上煤、除雪、刨冰作业必须保持安全距离，防止距离过近造成工具伤害。

二、列车外整备作业

1. 进入作业现场

作业人员要穿戴规定的劳动保护服装,由工班长组织在整备工作部规定的地点集合,列队点名,人员齐全后集体列队入库。安全防护员穿着防护服、佩戴防护标志、携带防护用品在队列前边引导,工长在队列尾部监控,按规定路线进入洗刷作业现场,拐弯要走直角,走平交道口要执行“一停、二看、三通过”安全制度,做好有关安全防护工作。防护员严禁从事与工作无关的其他事情。

2. 勾兑洗刷料剂

由整备工作部技术员或经过有关安全培训的人员操作,按规定佩戴口罩和胶皮手套,做好劳动保护。按日班洗刷量分配给作业班组。

3. 冲刷大顶作业

(1)作业前,必须坚持做到“一确认、二互查、三拽拉”。一确认:防护人员必须确认有无甩挂车作业。二互查:作业人员相互检查安全绳是否捆实扎牢,安全带是否完好,防滑鞋是否穿好,鞋带是否系好,安全帽是否戴好,安全带与安全绳是否挂好,是否符合作业状态,确保防护效果。三拽拉:作业人员互相拽拉安全带是否结实、有无破损,安全钩是否张弛良好。

(2)上下客车大顶时,必须使用专用梯子。梯子放在两车厢连接处设有把手一侧,放置牢固后,防护人员扶好梯子,作业人员方可依次登顶。安全绳须采用结实耐损的钢丝材质制作。作业人员在车下将安全绳打开,防止缠结。在车顶行走时,将卡扣拉过通风帽,相互做好防护。刷大顶作业时,严禁摘下安全帽或放松安全帽下部的下颚带。

4. 清擦车窗作业

作业前,作业人员要对蹬高用的梯子进行安全检查,查看梯子、梯角是否完好,梯身是否结实,防滑、固定设施是否牢靠有效,梯子呈60°角靠放牢固。擦玻璃时,窗锁要卡牢。

5. 洗刷外皮作业

在上方有接触网的地段，严禁供电时段攀爬车顶作业及用水冲刷车外皮。车体入洗刷库机作业前，库门要在全开位置并挂好安全钩。整备工作部要提前通知列车内保洁人员关闭车门、车窗，复查方向牌是否全部摘下，并及时通知洗刷机值班人员做好洗刷准备。车辆通过洗刷机的速度不得超过 3 km/h。

6. 上水作业

库内上水时，注意有无调车作业及邻线机车车辆动态和脚下有无障碍物、冰雪等，严禁多管上水、跨道上水、钻车插管及拔管不及时。在上方有接触网的地段，严禁水管出水口朝向电网。

7. 上煤作业

(1)冬季上煤时，要设安全员防护，不准上煤人员乘坐汽车货厢内，汽车运行时，不得抓车及飞乘飞降。

(2)车内上煤时，应防止煤箱铁盖掉下伤人，上煤后，将煤箱铁盖锁牢。

(3)在库内用桶补煤时要注意脚下有无障碍物，防止摔倒砸伤。

(4)上煤机动车辆(包括农用运输车辆)在站内、库内运行时，行驶速度不得超过 5 km/h，不准超速、猛拐、无故急停；遇有作业线路和相邻线路上有列车和车列运行时，不准平行行驶、转弯和调头；遇有天气、道路情况不良时，要加强瞭望、降低运行速度，确保安全；站内等候作业时应将机动车停在站台安全线内侧，库内等候作业时不准将机动车开入线路内；在站内、库内运行和停留时，必须与车体间保持 200 mm以上的安全距离，车体调动时要立即停止作业。

三、列车内保洁作业

(一)接车作业

1. 安全要求

(1)冬期作业前，要注意保暖，按规定要求着装。

(2)在保洁工长的组织下，应提前到站台候车。

(3)站台候车期间,要听从工长指挥,集中候车,不得在线路附近行走,严禁横越线路,在线路两旁接打电话。

(4)列车到站后,待旅客下车完毕后,登乘列车,严禁与下车旅客抢上。

(5)车底牵车入库期间不得登高作业。

2. 作业要求

(1)旅客乘降完毕,应立即关闭车门,保持车内温度。

(2)与客运乘务人员办理各项交接,检查厕所是否冻结。

(3)锅炉焚火列车,锅炉焚火人员,不设立专职焚火人员的由保洁人员负责,检查锅炉状态及炉室卫生。

(4)交接内容:设备使用情况、车内温度(以车厢温度计示数为准)、锅炉温度表显示温度、回水管末端温度,锅炉是否满水、煤灰数量、炉灰处理、炉室卫生、水泵作用、焚火工具备品及锅炉、辅助水箱满水等事项。

(5)交接质量标准:车内温度达标,锅炉水箱满水,水位表黑红针重合(允许误差 1 格以内)或验水阀出水 3～5 s 以上,除锅炉温度表达到规定外,还要用手触摸末端的回水管温度要热、锅炉内火床不得高于炉门下沿、备品齐全、卫生达到卫生标准。

(二)库内作业

1. 安全要求

(1)库内作业时,严禁用水冲刷电暖器。

(2)库外作业时,保洁作业的污水要定点排放,严禁随意排放,造成轨面结冰或线路两侧结冰,影响行走安全。

(3)库内作业上、下车时,要紧扶把手,在地势较高的地点上下,防止滑倒、摔伤。

(4)锅炉焚火列车入暖库时,要将锅炉灭火。

(5)甩挂车辆时,保洁人员要停止作业,防止车动时摔伤。

2. 保洁作业

(1)保洁作业时要保持地面清洁,脱地时拖布拧干,防止水在结冰，滑倒作业人员。

(2)车体库外停留时，要及时清理通过台的积冰、积雪。

(3)保洁人员清扫通过台时，要将抹布拧净，擦拭壁板。

(4)车梯、翻板不得用水冲刷，刷子刷净后，用小拖布拧净干擦拭干净。

(5)要清理车梯、通过台的散煤。

(6)冬季环境温度低于 0 ℃以下，空调列车保洁工长负责根据车内温度情况向车辆乘务员或车辆段检修人员提出供电请求，由车辆段负责向列车供电，由保洁人员负责开启电采暖对车厢进行打温。

3. 焚火作业

(1)列车入暖库作业锅炉需灭火。做到提前掌握车体是否入暖库的信息，提前做好锅炉需要灭火各项准备工作，锅炉灭火要以站台接车为开始至入暖库为止，并保证不冻车。凡是需要压火的列车，必须由焚火人员每两小时对锅炉进行巡检，确保全列锅炉在压火状态，并适当进行车厢通风，防止看车人员煤气中毒。锅炉灭火要采取先将炉火压死等形式灭火，严禁用水直接浇炉膛，防止产生“炸膛”损坏锅炉。

(2)库外停留列车要坚持正常焚火。

①焚火人员接班后，要将车门、端门、车窗关闭，将排水、排便孔盖严，防止热量流失。

②锅炉焚火加煤前要检查燃料中有无雷管等爆炸物，防止发生意外事故。

③焚火投煤时，要侧身向炉内投煤，防止撞伤手臂；打开炉灶观察时要头部远离炉门，防止炉膛内呛火烧伤面部。

④煤箱要及时加锁加划，背对煤箱作业时要确认煤箱盖牢固状态，防止脱落伤人。

⑤锅炉烧干锅时不要强行注入冷水，须及时采用撤除火种等方法熄灭炉膛火源，达到自然冷却后再注水。严禁在炉膛内直接浇水灭火。

⑥锅炉在燃烧状态下，严禁从车下锅炉注水孔注水，防止炉体变

形、受损。

⑦锅炉管路、泵、表、阀出现滴漏水，及时通知检车员处理，不得擅自扳动，避免发生烫伤。

⑧车间值班干部或锅炉指导要加强对库停焚火列车的检查，在列车终到后两小时内要进行一次检查，此后每两个小时进行一次检查，及时发现焚火问题。

⑨客车焚火产生的炉灰不准直接排放到车外，应由焚火人员负责装入清灰桶，待完全水浸湿透后装袋扎口。库停地面须设专人定时收取炉灰并投放到规定地点，库停焚火产生的炉灰不得随列车出库。

（三）出库作业

1. 安全要求

（1）车体出库前，要将车门锁闭。

（2）出库时，停止登高作业，防止摔伤。

（3）与客运人员交接后集体下车。

（4）严禁车体动轮飞乘、飞降。

2. 暖库出库点火作业

（1）凡暖库出库列车锅炉点火时，必须要保证足够的点火人员，点火以列车出库启动为开始至到站台为止，确保出库列车不冻车，车厢温度达标，并保证焚火安全。

（2）锅炉点火前要先验水，保证锅炉不缺水。点火时先用木柴引火，严禁使用油类助燃或隔车取火种点火。待火势稍旺时，再添加适量经挑选的中、小块易燃块煤，并打开清灰口盖，关闭炉膛门，以增大通风量来助燃。

（3）焚火加煤时应先认真检查煤炭中是否混有雷管等爆炸物后，再将煤炭快速投入炉膛，呈扇面状均匀分布，避免煤炭堆堵在炉膛口处，造成炉膛门口火床高度高于炉门下沿。

3. 出库焚火标准

（1）设备标准。锅炉各种电器开关、照明设备、手摇泵、电动泵、室门上下划、锁和锅炉各种操作阀作用良好。焚火工具、备品齐全，定位存放，炉钎、炉铲、手摇把、清灰桶定位不缺损，严禁将木质等易燃物品放在锅炉室内。

(2)水量标准。列车始发前各车厢水箱、锅炉、辅助水箱必须满水。在确认锅炉水位表红、黑指针重合(允许误差 1 格以内)的同时，还必须打开 35 号验水阀见水畅流 3～5 s，说明锅炉不缺水。

(3)储煤标准。燃煤量保证一次往返运行使用。煤箱装满，上下门关闭。如煤箱储煤量不够时，应在行李车货仓内适量储备，无行李车的列车可在车厢座席、铺位下适量储备袋装煤，做到不外露。煤炭热值 5 600 大卡，遇有雨雪天气，煤场煤堆要及时苫盖，避免潮湿。

(4)温度标准。列车出库锅炉水温达到 60 ℃及以上，车厢温度达标，手触回水管末端有温度。入暖库锅炉撤火的车体，要将点火引柴提前放置在锅炉炉膛内，出库时立即点火，采取强制循环等措施，尽快提升车厢内温度。

(5)清灰标准。按规定清灰，炉膛内火床低于炉门口下沿，炉火不压死。客车焚火产生的炉灰必须立即用水浸湿灭火降温，然后装入灰桶内，暂时存放在锅炉室内，严禁开门向车外倾倒炉灰和排灰孔向下排灰。

(6)卫生标准。炉室内无杂物，无可燃物，地面无煤屑、炉灰，四壁、炉体、管路表面无积尘，水温表和水位表玻璃罩洁净光亮。通过台、车梯上无散落煤、无积冰、积雪。

四、冬季防止库外线路积冰的卡控措施

为了防止冬季暖库外线路停留车体内保洁作业和上水作业时造成线路结冰，影响行车和人身作业安全，同时也为了节约用水，减少整备刨冰作业量，冬季禁止内保洁作业人员向车外排水和整备上水人员向线路排水。

1. 防止内保洁作业人员向车外排水卡控措施

(1)库外停留车体每辆车放一储水桶，定位在洗面间处，作为内保洁人员储存脏水用。储水桶由整备部门负责日常保管。车体入暖库

外线路停留后,整备部门指派专人将储水桶逐辆送上车,并与内保洁工长办理交接,由内保洁人员定位在洗面间处,并负责使用和看管。

(2)内保洁人员接车后,要对本车厢洗面间、厕所水阀进行检查,及时关闭未关严的水阀,节约用水并防止把水排除车外。

(3)内保洁人员车上作业用水要使用车厢接水桶接水,接水桶水不要过满,随脏随倒入储水桶内,禁止向车外排放。同时,严禁直接使用洗面盆和打开水龙头用水将水排出车外(冲刷厕所除外,但要少量用水)。

(4)内保洁人员用接水桶接水时,要边接边观察,水桶水接够用后及时关闭水阀,禁止打开水阀后离开形成长流水,浪费水和把水排到车外,并在作业中随时检查各水阀关闭状态,防止水阀关闭不严向外排水。

(5)内保洁作业人员作业结束后,要将储水桶拿到车下,放在车体能进入车辆或双方协定的一侧并负责看管。内保洁工长负责检查,防止侵线并与接储水桶人员办理交接。具体交接时间双方协定,但必须保证内保洁人员作业完毕且不用水。

(6)整备接储水桶人员,要逐车将储水桶里的水倒入排水井或车间指定的地点,并将储水桶统一收回,集中存放。

(7)列车内保洁车间要将保洁人员用水、排水纳入考核项点。保洁工长和车间干部在巡查时要加强对内保洁人员用水、排水的监督管理和考核。

2. 防止整备上水人员向线路排水卡控措施

(1)上水工在上水作业前要对水管进行检查,防止漏水,上水过程中水管漏水要关闭水井后进行处理,禁止开着水井修理水管。

(2)连接水管和水井时,要检查连接器胶圈有无、是否完好;连接车厢上水管和水管时要检查连接是否紧固,确认两头连接好后方可打开水井,防止打开井水后接头脱落,水排向线路。

(3)上水过程中要一车一上,一车一监控,水满后及时关井,禁止多个车同时插管上水,造成车厢水满后不能及时关井,水从溢管排向线路。

(4)车厢上水完毕关井后，要先撤下连接车厢水管并将水管内的残留水导入排水井内。无排水井时，上水工要到本节车厢拿来清扫水桶，撤下车厢水管并将水管内的残留水导入清扫水桶内，然后将水桶里的水拿上车给保洁员使用或倒入储水桶内，禁止排向线路。

(5)整备车间要加强对上水工的日常教育，同时上水工长和车间干部要加强对上水作业的检查监督，并纳入考核。

3. 防止车上其他人员向车外排水卡控措施

(1)各车间要加强对看车人员和锅炉焚火人员的教育，在车体上要节约用水，禁止将水排除车外。

(2)看车人员要认真执行库内停留车体看护的有关规定，禁止闲杂人员上车，以减少车上用水人员。

(3)看车人员和库内锅炉焚火人员用水要使用接水桶，严禁直接使用洗面盆和打开水龙头用水，将水排出车外。

(4)接水桶里存放的脏水禁止排出车外，待车体全部牵出库内线路后从厕所排出车外。

第三节　冬季临客运输

铁路运输实行计划运输，旅客运输也不例外。旅客运输计划是旅客计划运输组织工作的前提，是确定客运设备、客运机车车辆修造计划及客运运营支出计划的重要依据。旅客计划运输组织工作要立足全局，做好长短途旅客列车合理分工，充分发挥旅客运输能力的最佳效果，均衡地运送旅客。

春暑运等繁忙期间，铁路企业一般坚持“以客为主，客货双赢；南客北货，南车北调；统筹安排，确保重点；适度屯车，应急有备；车辆挖潜，停短保长；有流开车，无流停运”的原则，在抓好旅客运输的同时打好时间差，地区差，提前启动“南车北调”工作，统筹兼顾好货物运输。一般情况下，在客流高峰期，铁路都会根据客流情况制定节假日及春运旅客运输组织方案，增开临时旅客列车解决旅客激增带来的客流不均衡问题。铁路总公司会根据客流饱满方向开行直达临客,压缩运行时间,加快车底周转,并且扩大旅客列车编组,缓解干线运输压力。各铁路局通过采取车体套用、加挂车辆、硬卧代硬座等措施,大力挖掘车辆潜力,适应临客增开的需要。除了开行临客,增开或延长图定列车也是解决繁忙旅客运输的主要方法。

一、运能组织

各铁路局春运前约三个月,要认真组织春运客流调查,预测流量、流向,分析客流变化情况,并于春运前约两个月向铁路总公司上报春运客流预测和直通临客开行方案。春运前一个半到两个月,铁路总公司组织有关铁路局编制春运临客列车运行图,落实春运临客运行方案。直通临客和影响能力的管内临客开行方案由铁路总公司确定,其他管内临客开行方案由各铁路局确定。各级客运调度要认真掌握客流变化,及时组织开行临客,做到"有流开车,无流停运"。

各客运段要根据铁路局春运方案,做好开行临客乘务交路、套乘交路的设计。临客开行和列车延长区段、编组变化、车底套用、加挂实行日期以铁路局调度命令为准。临客车体组成后,要组织专人对车体编组、定员进行核对。对设备设施、车辆防寒、车体整备、供暖预热、上水情况进行检查写实。第一趟开行时要指派专人进行出库检查。调度室接到铁路局开行临客命令后,要在第一时间报告主管段长,并将段长要求和命令下达到有关车队、车间。担当车队遇有实际问题时,要立即向主管段长报告。

二、人员组织

春运期间由于临客的大量开行,客运段人员和劳力计划将异常紧张。各铁路局应结合本局实际情况,采取多种途径解决人员短缺问题。由于临客列车季节性开行的实际,为防止人力资源的浪费,临客人员不能像图定列车一样按班次设置乘务人员,因此,临客开行时,人员组成也多种多样。从乘务组织上,一般有班组套乘、独立班组乘务两种方式；从人员组成上，一般有现职抽调、新职顶岗、干部顶岗、外段抽调和外聘临时人员等。客运段要根据春运临客工作量进行用工分配，依据乘务员劳动强度合理安排乘务交路。

以下乘务组织方法供参考：

(1)短途临客列车、套用图定列车车体担当的临客列车采用图定班组套乘的方式担当乘务。

(2)长途临客列车应单独组成临客班组，人员可由本单位乘务班组、后勤人员、科室干部、新职人员等组成。也可由铁路局从其他站段抽调人员或临时聘用人员组成。

三、岗前培训

临客乘务人员在上岗前要组织岗前培训。培训重点放在新职人员、后勤人员、其他站段抽调人员上，要以应知应会为重点，提前做好临客乘务人员技术业务培训和安全、路风教育，严格实行持证上岗，保证每趟临客的重点岗位都有专业骨干合理搭配，以老带新，确保安全和服务质量不降低。采取脱产培训及岗上实习相结合的培训模式，使其尽快适应岗位要求。对于现职人员，也要结合车体、线别差别，进行适当的适应性培训。岗前培训主要培训内容包括：

(1)空调列车电采暖装置的使用，非空调列车锅炉焚火操作，经理论、实作考试合格后，持证上岗。

(2)临客途经站相关知识，即列车停站时刻、给水站、垃圾投放站等相关知识。

(3)冬季安全常识。

(4)突发事件的应急处置。

新职人员还应针对车辆设备使用、作业标准和流程、劳动安全等进行重点培训，提高服务技能，保证安全运输。

四、备品准备

客运段应根据临客开行方案，做好临客方向牌、外顺牌、保温桶、送水壶、清扫工具等客运服务设施、备品的准备。临客焚火用煤、锅炉焚火工具的采购供应和发放工作也要提前预想,提前准备。

五、车体验收

临客车体组成后,有关职能科室、车队,要做好相关准备工作,由调度室协调保洁部门对车体外皮进行洗刷、上水、上煤、焚火、保洁、卧具准备和整备工作,协调车辆段做好客车防寒采暖工作,达到同等级图定列车出库质量标准。

复习思考题

1. 冬季列车整备作业应做好哪些安全注意事项?
2. 冬季暖库出库列车锅炉怎样进行点火作业?
3. 临客乘务人员在上岗前的岗前培训应培训哪些内容?

第七章　非正常情况的应急处置

铁路旅客运输过程中，时常会发生一些非正常事件，特别是冬运过程中，由于天气、客流等因素影响，增加了非正常情况的发生几率。为及时、有效处置旅客列车突发事件，提高应急反应能力，迅速恢复旅客列车正常运行秩序，针对铁路旅客运输过程中常见的非正常情况，要制定应急处置办法或应急预案，确保发生非正常情况时能够迅速、及时、正确处理。

第一节　客运记录及电报的使用

一、客运记录

1. 客运记录的定义

客运记录是指在旅客、行包运行过程中因特殊情况，承运人与旅客、托运人、收货人之间需记载某种事项或车站与列车办理业务交接时的文字凭证。客运记录不能作为乘车凭证，更不能代替车票使用。

2. 编制客运记录的原则

(1)仅限于站车交接使用。

(2)记录第一行应明确写出××站或××站并公安派出所。

(3)记录内容应精炼，层次清楚，叙事完整，目的明确。

(4)记录词句应本着实事求是的原则，做到具体、准确，不应凭猜想、可能或似是而非、含糊不清。

(5)涉及的数据、名称、单位、姓名、性别、年龄、发到站、座别时间、伤势状态、程度应尽量准确。

(6)涉及退票款内容应记录原票种类、发到站、票号、座别、铺别、后补票号及应退票价(票号字头应抄全)。

(7)涉及移交车票时应记录票种票号。

(8)涉及移交物品时记录名称、数量、款额、证件名称。

(9)记录词句不应出现命令、质问、强制性以及不尊重站方的语句。

(10)移交旅客遗失物品(包括外宾物品)时,在能判明旅客下车站时应注明旅客下车站。

3. 编制客运记录的注意事项

(1)内容要符合铁路的规章制度。

(2)移交人员附带材料、人民币、证件、档案材料时,一定要在记录上注明。

(3)凡是交接的记录一定要接受人签字。

(4)记录存根要根据需要保存备查。

(5)客运记录保管期限为1年。

4. 旅客列车编制客运记录的范围

(1)编制客运记录直接交给旅客,由旅客到站自行办理退票的范围:

①旅客丢失车票,重新买票或补票后,又找到原票,需由到站出站前退还重新买票或补票票价时。

②车站发售卧铺重号,列车无能力安排时。

③因车辆故障中途甩车、线路中断等,应退还旅客票价或票价差额。

④因空调故障,应退还旅客票款或票价差额时。

⑤发现误售、误购车票,需由正当到站退还旅客票价差额。

⑥旅客办理“挂失补”退票时。

(2)编制客运记录交车站值班人员,需车站值班人员签认,由车站协助办理的范围:

①旅客误乘列车或坐过了站,交前方停车站免费送回时。

②对无票乘车、违章乘车,拒绝补票的人员,责令其下车,移交县、

市所在地车站或三等以上车站处理(旅客到站近于上述移交站时,应交其到站处理)时。

③旅客携带品超重、超大或携带妨碍公共卫生的物品,动物以及能够损坏或污染车辆的物品,无钱或拒绝补交运费,移交车站处理时。

④发现旅客携带国家禁止或限制运输的物品、危险品,移交最近前方停车站或有关车站处理时。

⑤旅客在旅客在列车上发生急病或因病死亡,移交县、市所在地或三等以上车站处理时。

⑥因意外伤害(包括区间坠车),导致旅客伤亡移交有关车站处理时。

⑦旅客纠纷发生伤害,将受伤者、死亡者移交有关车站处理时。

⑧列车发现无人护送的精神病患者,移交到站或中转站处理时。

⑨发现违章使用各种乘车证,移交车站或转交有关部门处理时。

⑩发现车站多收票款或运费,转交车站退款时。

⑪发现列车装载的行李、包裹品名不符,但不属于有意取巧或伪报一般品者,以及发现实际重量与票面记载的重量不符,移交到站补收运费时。

⑫发现列车装载行李、包裹中有政府限制运输的物品或危险品而伪报其他品名,移交到站或前方停车站处理时。

⑬伪报品名的行李、包裹损坏其他旅客的行李、包裹时,应分别编制客运记录说明情况并应分别附在伪报品名的被损坏的行李、包裹票上,移交有关到站处理。

⑭列车接到发站行李、包裹变更运输(包括行李误运)电报时,应编制客运记录,连同行李、包裹和运输报单,交前方营业站转运;或变更后新到站(需中转的,交前方中转站继续转运),旅客在列车上要求变更时,同样办理。

⑮列车内发现旅客因误购、误售车票而误运行李时,其托运的行李在本列车装运,应编制客运记录,交前方营业站或中转站向正当到站转运。

⑯发现无票装运的行李、包裹交到站按章补收运费时。

⑰行李、包裹在运输途中发生事故,移交到站处理时。

⑱其他与车站办理的交接事项。

二、铁路电报

1. 铁路电报的定义

铁路电报是处理生产业务的通信工具,是办理紧急事务的公文的表现形式。

2. 列车铁路电报拍发权限

列车电报是指处理列车业务,必须在列车到达以前或在列车到达当时送交用户的电报。

旅客列车的列车长和执行各项列车任务工作的负责人员可以拍发列车电报。执行列车乘务工作的负责人员在同一区段内不得重复拍发同一内容的电报。临时列车乘务工作负责人拍发电报时,应写明经由区间,并在附注栏内注明本次列车在发报站的开车时间。

下列情况下不准拍发电报:

(1)处理个人私事。

(2)已经有文电的重复通知。

(3)挑战、应战、倡议书、感谢信的电报。

(4)公用乘车证丢失声明的电报。

(5)由于工作不协调,互相申告(执行列车乘务工作的负责人在列车运行中向上级领导汇报列车运行中发生的问题除外)。

(6)报捷、祝贺、吊唁的电报。

(7)推销产品、书刊及广告类的电报。

3. 列车电报拍发范围及电报的交接

(1)拍发范围

①严重超员时;

②行包满载时;

③餐料不足时;

④餐车电冰箱故意或需加冰时；

⑤发生重大行包事故时；

⑥广播发生故障时；

⑦发生意外伤害事故时；

⑧列车车辆发生故障甩车或空调发生故障不能修复时；

⑨列车缺乏燃料需补煤时；(发电车燃油缺乏车辆部门负责)

⑩误售、误购车票而误运行李时；

⑪行包交接产生异议时；

⑫发生运输收入现金丢失，客票票据丢失、被盗时；

⑬发生火灾爆炸及重大刑事案件时；

⑭其他紧急情况时。

(2)电报的交接

①列车电报一般交有电报所的车站拍发；

②特殊情况可委托无电报所的车站代转；

③电报编制一式两份，一份交车站，一份由车站签字后列车留存；

④电报发出后应设法索取电报号码。

4. 客运业务电报电文拟稿要求

(1)明确主送、抄送单位

①主送单位：是指具体的受理单位或主办单位(不论单位大小，主要受理单位排列最前位)，列车长必须清楚担当沿线铁路局、车务段的管辖区段。

②抄送单位：是指知晓、协助办理、督促、备案、仲裁的单位(一般先上级后下级依次排列，担当段排列最后)。

(2)编制电文的方法

①电文应以报告、汇报的形式写出，禁止使用命令、指责、指示、质问的语句。

②电文的语句应本着实事求是的原则，做到具体准确，不应凭猜想，似是而非，含糊其辞。电文的数据、术语、尺寸、病情、火情、伤势、姓名、性别、单位、年龄、时间、区间、站名、里程应当尽量准确。

③电文的语句,不应出现自我推测的语言,特别是关系到事情的本质、责任不可妄下结论,让收电单位及领导去判断。

④发、收报单位名称应准确,不应出现错误或根本不存在某一单位的现象。

⑤电文叙述要简练,层次、顺序清楚,目的明确。

⑥对出现突发情况,由于时间紧张、情况复杂,条件限制,一时无法做到完全准确,应在电文中注明"详细情况正在调查中,特此报告"字样。

⑦涉及乘警、检车乘务人员事件,列车长应召集三乘一体会议,对拟出电文商议,尽量取得一致意见,将看法不一致的语句修改为事件客观状况,并由三乘负责人共同签字确认后,再拍发。

第二节　普速旅客列车非正常情况应急处置

一、春运期间客流暴涨的应急处置

春运期间,特别是节前返乡客流骤增,各次列车均会出现不同程度的客流暴涨现象,遇到客流暴涨,列车严重超员时应按下述程序进行应急处置。

(1)旅客列车遇客流暴涨应及时将情况向段调度室(值班室)、铁路局客运调度(票调)进行报告。

(2)为避免上下车旅客在车厢门口、连接处发生拥堵问题,站停时告诫送站人员禁止上车。

(3)实行双班作业的列车,一名乘务员在车门进行安全宣传、验票组织乘降,另一名乘务员在车厢内疏导旅客就位,并与车门验票乘务员共同配合,重点疏导车门口、通过台上下车旅客。

(4)由列车长组织列车值班员、乘警、供水员等单独工种,协助硬座车厢乘务员组织旅客乘降,协助乘务员关闭车门。

(5)列车长要与车站客运人员联系,由车站客运员协助组织旅客乘降。

(6)按规定双开车门,当班列车长必须在硬座车出场,除正常办理交接外,全力以赴组织旅客乘降。

(7)列车运行中,列车乘务员要积极组织和疏导在通过台的远途旅客进到车厢里边,对即将下车的旅客要提前宣传并组织到车门口等候下车。

(8)严重超员时,车辆弹簧压死严禁开车,经车辆乘务员检查确认弹簧恢复后,在保证安全的情况下方可开车。

(9)超过列车规定超员率时,列车长及时拍发电报,通知前方到站加强旅客乘车组织,超员严重的列车组织分流。

(10)在始发站发生列车客流暴涨情况时,客运段、车站送车干部要在站台协助列车组织旅客乘降。途中发生客流暴涨情况时,添乘干部与列车长必须共同在硬席车厢出场,组织旅客安全乘降。

二、列车内严重超员和车门风挡处人多拥挤时的应急处置

(1)列车内严重超员和车门风挡处人多拥挤时,应加强安全宣传,讲清危害隐患,防止旅客挤手、夹脚。

(2)要千方百计疏导旅客到车厢内,疏导时遵循先重点再一般、先远途后近途的原则,积极组织和疏导在通过台的远途旅客进到车厢里边,乘务员要深入车厢组织安排适当位置。

(3)旅客携带的物品做到不堵门、不堵通道、不堵风挡连接处、不占用厕所及洗面间,保证车厢防火通道畅通,旅客安全乘降。

三、列车发生断水的应急处置

(1)车辆设备故障。由于车辆设备故障(如管路冻结、阀类失效、冒水溢水等)造成车内断水时,通知车辆乘务员设法修复,不能及时修复时,编写"181"记录通知车辆段检查修复。

(2)上水站补水不及时。由于上水站未及时补水造成部分车厢缺水时,列车长应在列车到达下一上水站时,督促车站及时为列车补充

上水,做好交接签认工作。必要时,提前拍发电报声明。

(3)列车中断运行滞留。由于列车晚点、线路中断及其他因素造成列车长时间滞留,列车内断水、缺水时,列车乘务员应做好节约用水的宣传,向旅客做好耐心解释工作。如饮用水短缺时,列车长可就近联系停靠站设法供应开水或瓶装饮用水。如停靠站没有能力供应开水或瓶装饮用水,列车长应向客运调度、上级有关部门汇报断水情况,请求援助。

(4)发生列车断水时,空调列车应立即关闭电茶炉,防止茶炉干烧发生危险;普通旅客列车茶炉应及时压火,避免因缺水烧干锅。

四、雨雪天气车梯积水结冰的应急处置

(1)雨雪天气要认真做好防冻、防寒、防滑等安全预想,提前备好防滑垫、除冰铲等防滑除冰备品。

(2)雨雪天气车梯积水结冰时,做好通过台、车梯等处积雪积冰的清理工作,及时将防滑物品按规定位置铺放。严格禁止用水冲刷通过台。

(3)加强车门口防滑安全宣传和扶老携幼工作,防止车门口滑倒摔伤旅客。

五、冰冻雨雪灾害的应急处置

冬运期间,受天气影响,北方地区冰冻雨雪天气时有发生,为确保冰冻雨雪天气下旅客运输组织有序,列车乘务人员在发生冰冻雨雪灾害时按以下程序进行处理。

(1)旅客列车在途中遭遇雪害,列车长应立即将详细情况向所在地铁路局、所属铁路局客运调度、段调度室(值班室)进行报告,同时启动应急处置预案。

(2)列车长应立即通过运转车长、司机与就近车站取得联系,将重点旅客和旅客中转换乘、退票等问题及时向客运调度报告,听从指挥,服从调度命令,确保旅客人身的绝对安全。

(3)列车长及时召开“三乘”会议，组织有关人员分工负责、密切配合，做好应急处置工作。列车长、乘警要加强巡视，做好解释和安抚工作，稳定车内秩序，必要时动员车内的军人、干部、党团员等协助列车工作人员做好有关工作，保证旅客安全和情绪稳定；并主动与车站联系，及时取得车站的支持。

(4)列车员要坚守岗位，全面做好服务工作，列车广播员要加强广播宣传，及时向旅客说明雪害概况。列车晚点超过 30 min，列车长应代表铁路向旅客道歉。晚点超过 1 h，列车长应主动与铁路局客运调度联系，了解继续停留的时间，随时向调度员和段调度室汇报车内旅客情绪、治安秩序、饮食供应、安全情况等。

(5)列车在雪害发生地滞留期间，列车员要坚守岗位，锁闭车门，未接到通知禁止旅客下车，车内厕所开启供旅客使用，加强巡视，确保人身财产安全。

(6)列车停留时间较长时，列车要注意节约用水，合理分配餐料，本着保证外宾、首长、重点旅客需求的原则，妥善安排饮食供应工作。如备用餐料不能保证旅客需求时，可向就近车站、铁路局或当地政府请求援助。在任何情况下均不得随意抬高物价，杜绝各种不良反映的发生。

(7)遇雪害中途折返时，列车长应对列车供水、燃油、用煤、餐料等进行调查统计，如储备不足时，及时与折返站联系补充燃油、补煤、补水、补充餐料等工作，杜绝因车厢温度低、车内无水等造成的旅客不良反映。产生费用与站车负责人签字办理。

(8)因雪害影响列车在外局终到后，为恢复正点在站内立折时，由该站负责上水工作，并通过铁路局客运调度委托该地客运段负责上煤及餐料，涉及费用由列车长按规定与外局客运段办理签字手续。

(9)列车返程遇雪害时，接到客运调度变更列车终到站的命令，由应急指挥办公室通知相关专业组负责到该站组织补充燃油、煤水、卧具、餐料，做好始发前的整备工作。

(10)担当段接到因雪害影响列车晚点的通知，应及时与铁路局客运调度、辆调及列车终到车站联系，并迅速通知有关车队提前做好各项准备工作，段领导班子、有关科室、车队干部及应急预备人员要到站台接车，组织班组乘务人员迅速做好始发前的各项准备工作，在道路封堵的情况下，应启用站台储备点备用的应急物资，在段限定的时间内，保证出库质量达标，列车正点始发。

(11)线路中断停止运行的列车，列车长应在旅客车票背面注明原因、日期、返回站、并加盖职务章，作为旅客免费返回、办理退票、改签或延长有效期的凭证。

(12)因雪害事故影响晚点12 h以上的列车，段应指派副段长以上干部添乘，指导乘务班组处理即时发生的各类问题。

六、列车停电的应急处置

近年来，由于电气化铁路的发展，我国大部分地区已基本实现接触网供电，直供电车体广泛使用；车辆改型换代，发电车的配备和车内电器设备的增多，因设备故障导致列车停电事件时有发生。遇有列车突然停电时，要按停电的应急处置方案进行处理，确保车内秩序。

(1)旅客列车运行中发生车厢照明突然停电时，客运乘务员要立即通知车辆乘务员到场处理。检查各车厢的应急电源开关是否处于闭合位，保证应急电源装置正常工作，保证应急照明灯、轴报装置供电。

(2)由发电车供电的列车，应立即通知发电车乘务员，迅速查找原因，修复故障，恢复供电。

(3)列车因故障不能满负载供电时，车辆乘务员要根据实际情况，立即通知列车长，适当减少负载，暂时停止使用部分电器。当只有一路供电时，列车长要按照车辆乘务员要求组织列车员关闭用电量大的设备，尽量减少用电负荷；当两路都不能供电时，列车长要立即组织列车员将全列照明转换成半灯，关闭电视，以保证蓄电池不过放，必要时可保留应急灯和轴报、防滑、监控系统用电，其他负荷全部关闭。

(4)列车长、乘警应及时到场，加强安全宣传和治安管理工作，稳定车内秩序，严防不法分子乘机破坏，做好专运人员和重点旅客的安全保护及服务工作，同时向旅客做好正面解释工作。

(5)停电车厢乘务员要坚守岗位，加强车厢巡视，做好安全宣传，封闭两端车门，防止发生意外，必要时可打开活动车窗，以保持车内空气畅通。

(6)动员带有便携照明工具的旅客，主动提供简易临时照明，严禁使用明火照明。

(7)列车长应会同检车人员，查明原因立即向上级汇报。

七、列车晚点的应急处置

旅客列车晚点时有发生，特别是在春运期间，列车发生晚点，处理不当，容易发生群体性旅客投诉，处置列车晚点必须引起高度重视，要严格按照处置程序进行处理。

(1)遇有大雾、水害、雪害、线路中断、设备故障以及事故等原因造成旅客列车晚点和受阻时，及时启动晚点应急处置预案。

(2)列车受灾害和事故影响受阻时间较长，值乘的列车长应向铁路局客运调度和段应急指挥办公室报告(遇水害等自然灾害或铁路交通事故造成线路中断时应立即报告)，详细报告列车车次、时间、地点、车内旅客情况等。

(3)列车遇有大雾、水害、雪害、线路中断，设备故障等情况暂时不能继续运行时，列车长除通过广播向旅客道歉外，还应加大车内巡视力度，积极组织班组人员为旅客提供良好服务，照顾重点旅客。耐心做好解释工作，安抚旅客情绪，当旅客询问列车晚点情况时，乘务员要耐心回答，不得使用“不知道”、“没点”等不负责任用语或有不耐烦的表现。当旅客提出要求时，要认真听取旅客意见，将情况及时反映给段领导和上级有关部门汇报，要处处为旅客利益着想，妥善处理，积极化解各方面矛盾。

(4)列车长时间停留时，乘务员应坚守岗位，加强安全管理，确保旅客人身财产及旅客列车的安全；旅客情绪不稳时，应主动走访旅客，尤其要加强对重点旅客服务;饮用水不足时,及时与车站联系上水或补充饮用水,食品、餐料不足应及时与车站联系组织采购,减少晚点给旅客带来的不便,维护铁路声誉。

(5)列车长要保证手机开机,随时听取段及客运调度的命令、指示,定时与段调度室(值班室)联系,掌握列车晚点及其他信息;中途停留时间较长时,要及时向段报告列车秩序、旅客情绪、重点旅客、中转旅客等情况。

(6)列车长要组织有关人员对终到后需中转的旅客进行登记,及时将中转旅客的人数和所乘车次通报给铁路局客运调度,以便客运调度能及时通知本次列车终到站提前做好旅客换乘安排。

(7)列车晚点车体不能回到配属段所在地,在外地停留时间较长时,段应急管理办公室应指派干部赶赴列车停留地,协调解决车上旅客饮食供应和即时发生的问题,慰问乘务人员,并解决乘务人员的食宿。遇汛情等自然灾害或事故时,要有段级干部带队接乘受阻列车,亲自组织各项应急组织工作。

(8)列车在始发站和折返站连续晚点时,应加强乘降组织工作,双开车门,组织旅客快上快下;与车站密切配合,加快上水、行包和邮件装卸作业,避免列车继续延时停留。

(9)晚点列车到达后,列车长应组织乘务员组织旅客快乘快降、行邮快卸,并重点安排好中转换乘旅客;段应急管理办公室应组织专业工作组制定晚点列车恢复方案,提前协调旅行服务段和餐饮服务段做好后勤整备工作,车队干部要入库跟班作业,需要时组织应急预备队帮班作业,快速进行列车卫生整备、备品更换,压缩库(站)停时间,积极组织恢复列车正点。

八、电采暖装置故障的应急处置

(1)电采暖装置发生故障时,列车乘务员要立即通知车辆乘务员到场处理。

(2)列车长应及时到达现场,稳定车内旅客秩序。

(3)电暖气停止工作时,要关好两头端门注意保持车厢内的温度,条件允许时可以为旅客添加棉被或在列车长的统一指挥下,为旅客运调度换车厢。

(4)电暖气故障运行过程中无法修复时,按规定拍发电报,编制客运记录,到站退还未使用区间的票价差额。

(5)在取暖设备发生故障时,列车长及时请示上级领导,按领导指示认真做好处理,化解矛盾,稳定旅客情绪。

九、锅炉缺水、超温烧、干锅的应急处置

1. 检查确认

缺水检查:查验锅炉水位表内的黑针,如低于表上红指针 1 格以上时,打开验水阀,水不能持续流淌 3～5 s 的,即为缺水。

超温检查:炉温超过 95 ℃。

烧干锅检查:炉室内炉体温度烤脸,温度表指针超过 100 ℃的,炉体变色,漆皮爆裂的。

2. 应急处理

(1)缺水时,应使用手摇水泵或电动水泵立即补水。

(2)超温时,应立即打开炉膛门,减少锅炉内的火力或向锅炉内补水,同时用电动水泵或手摇水泵强迫温水循环,至锅炉温度下降到 90 ℃以下,不再上升时停止。

(3)发生锅炉干烧时,严禁往锅炉补水,防止因炉体过热突然遇水发生爆炸。处理时应立即使用水浸炉灰压火或灭火,严禁向炉体或火床泼水,待炉体自然冷却后,经车辆检车员确认同意使用方可往炉内注水,重新点火。

十、锅炉温度急剧上升而车厢散热管不热的应急处置

运用中出现锅炉温度急剧上升而车厢内散热管温度下降情况的原因及处置方法如下:

(1)锅炉及管路系统缺水,影响水自然循环。处置方法是打开锅

炉验水阀 35,检查锅炉水位,如缺水时立即补水。

(2)由于锅炉水温达到 100 ℃,炉体内产生大量的蒸汽进入管路或管路中的空气阻碍温水循环。处置方法是打开车厢二位端洗面间墙角处立管管罩处的排气阀 37、38,排出管路中的气体,直到有水流出为止。

(3)管路中有局部冻结。处置方法是检查车厢管路,确定冻结部位,然后用热水进行解冻或热毛巾热敷,处理不了时,必须通知检车员到场处理,严禁使用明火解冻。

十一、发生冻车的应急处置

寒冷冬季,锅炉焚火列车由于乘务人员焚火质量、列车设备质量等原因,冻车问题时有发生,锅炉焚火列车要加强设备检查和焚火人员的培训,防止冻车,一旦发生冻车,要按照下述程序进行处置。

(1)认真交接,分清责任。各职人员在办理锅炉交接时要认真做好焚火锅炉设备、备品、车内供暖系统、车内温度和锅炉温度的交接,注明存在问题的原因,做好登记及签字,交接不清由接者承担责任。

(2)发生冻车,焚火人员应立即通知焚火组长或列车长,按规定上报调度室(值班室),并由检车人员查找冻车原因,确定冻结的位置,一般情况下冻结点常出现在以下位置:

①车厢两端门槛铁皮底下的暖管部分;

②锅炉室门口下的回水管部分;

③厕所内暖管部分;

④洗面间靠近排水孔的暖管部分;

⑤严重时可能是车厢整个供暖系统或一侧供暖系统。

(3)确定好冻结位置后,一方面要提升锅炉温度,打开电泵循环(无电泵时使用手动),另一方面用热水细流慢浇进行解冻,也可使用热毛巾热敷处理。不能准确判明冻结位置时要多浇(热敷)几个地方,严禁用明火解冻,直至锅炉温度急剧下降为止。如一时不能解冻时,要控制好锅炉温度,使之不超过 95 ℃。

(4)发生严重冻车时,由责任单位与车辆部门沟通解冻或甩换车,尽快恢复列车供暖,不得因冻车影响列车正常运输秩序。

十二、运行中自动塞拉门(失控)自动打开时的应急处置

(1)列车出库前要对自动塞拉门进行重点检查,对存在的问题及时向列车长汇报,并通知车辆部门进行维修。

(2)操作自动塞拉门时,必须锁闭隔断锁,并安装好防护链。

(3)发生车门自动打开时,列车乘务员必须在通过台监控,禁止旅客通行和靠近,并及时通知列车长和车辆乘务员到场,由车辆乘务员处理,直到恢复正常。列车运行中列车员不得擅自处理车门。车门不能关闭时,列车长应通过车辆乘务员向机车司机通报,防止拦停列车,并向段调度室汇报。

十三、内燃机车故障产生的"黑烟"进入车厢内的应急处置

内燃机车故障,柴油机产生的"黑烟"进入客车车厢时,该车厢列车员要组织旅客打开车窗并立即通知列车长,列车长在接到通知后,应立即会同车辆检车员、列车乘警赶赴现场。

(1)列车长到达现场后,要稳定旅客情绪,立即组织"三乘"人员进行处理工作。列车员立即打开车窗及通风设备,向车外排放"黑烟";组织列车员将受污染的旅客向其他车厢疏散,根据列车能力尽量予以安排席位;同时,列车乘警要维护车厢秩序,确保旅客生命和财产的绝对安全。

(2)遇旅客身体不适甚至发生因熏呛休克时,列车长要及时通知广播,寻找医生,尽力救治。必要时,通过运转车长向列车调度员汇报,请求前方有医疗条件的车站停车,送医院抢救。

(3)列车运行中关闭空调后或在车站停车等待救援时,要做好以下工作:

①列车广播员要及时、准确地向旅客说明情况,列车长要通过广播诚恳地向旅客道歉。

②在车站停车期间,乘务员要坚守岗位,不得随意开门让旅客下车。遇特殊情况,列车长应与车站取得联系,车站应积极配合,做好旅客工作。

③如遇旅客因事提出终止旅行时,列车长可按规章予以办理,开具客运记录在中途站办理退票,车站不得拒绝。

④“三乘”负责人及各车厢列车员必须逐车巡视,向旅客说明情况并道歉,同时要进行安全宣传,防止发生意外。

(4)旅客安排妥当,情绪得到基本稳定后,列车长要组织有关人员,对受到污染的旅客逐一进行登记;对因烟熏造成身体伤害或行李物品受到污染的旅客,列车长应会同乘警按规定收集不少于两份的旅客证实材料,同时要详细记录事故主要经过,由机车司机、运转车长、车辆检车员、列车长共同签字,并拍发电报予以声明。

(5)列车长在组织应急抢救的同时,要对受污染的人数及状况、列车运行区段、发生污染时间、列车旅客染病、卧具受污染的程度及数量等情况,一并在第一时间报告本段派班室,派班室立即将有关情况逐级汇报。

十四、发生突发事件需换挂甩车时的应急处置

(1)列车运行途中因车辆故障甩车时,列车长要立即向有关局、本局客运调度和段调度室报告。

(2)发生临时甩车,列车工作人员应向本车厢旅客做好解释工作,组织旅客有序疏散。首先做好重点旅客和外籍旅客的安排工作;列车铺位、席位不能满足旅客需求时,列车长要将宿营车铺位腾出供旅客使用。

(3)因车辆故障甩车造成旅客变更座别、铺别时,所发生的票价差额,应补收的不补收,应退款时,由列车长编制客运记录,到站退还票价差额,已乘区间不足起码里程时,退还全程票价差额,变更区间不足起码里程时,按起码里程计算。均不收退票费。

(4)产生旅客退票时,列车长要及时按规定编制客运记录、拍发电

报，交旅客到站处理。

(5)发生车辆故障甩车时，要及时向本局客运调度及有关领导请示是否留客运乘务员看守。如不用看车时，要将车内备品移到其他车厢保管。如需要看车时，列车长要安排经验丰富，责任心较强的男职工看守，并做好乘务工作准备，在修复后挂车运用时按要求乘务。

十五、发生旅客跳车时的应急处置

(1)列车运行中，发现旅客跳车应及时阻止。如已经跳车，在跳车当时应立即使用紧急制动阀停车(特快列车不危及本次列车运行安全时除外)。列车长、乘警及运转车长应立即下车查看旅客情况；当场证实死亡时，应将尸体移置道旁，用适当物品予以覆盖，同时通知就近车站并派人与车站办理处理事宜；对造成重伤的应迅速抬上列车送至前方救治条件的停车站紧急救治；并收集旁证材料(两份以上)编制客运记录，连同跳车旅客的遗留物品和车票，(有同行人时，遗留物品交同行人保管)一并交三等以上车站处理(在区间停车时为就近车站)。接收车站不得以任何理由拒绝受理。

(2)因不具备条件不能停车、迟延发现或紧急停车后现场未发现坠车旅客时，列车长要立即组织调查核实旅客乘车情况，将调查情况及可能发生的区间、人员特征等情况做出详细记录，通过运转车长通知就近车站、公安派出所派人查找。列车长应在前方停车站拍发电报，向事故发生地所属铁路局和列车担当铁路局主管部门报告。

(3)列车长接到车站通知有旅客跳车时，列车长应立即会同乘警查找该旅客在列车上的遗留线索，收集证人证言，详细记录有关情况(如该旅客及其携带品、同行人情况、事发前和事发时在车内的动态、车内有关设备设施情况、治安状况、旅客密度等)，三天内连同客运记录交处理站。

十六、发生旅客食物中毒的应急处置

(1)列车发生疑似食物中毒旅客时，列车长应立即赶赴现场，统一领导食物中毒事件的处理工作。及时了解中毒旅客主要症状,掌握中毒旅客人数、发病时间等情况,准确判断毒物根源或确定怀疑导致食物中毒的食物,并迅速向段调度室报告。

(2)利用列车配备的医疗救护药箱,采取催吐、导泄等方法和应急救治措施,进行初步救治。同时通过广播寻找医生帮助抢救治疗,控制病情进一步发展。遇有中毒旅客病情危重,必须临时停车送医院抢救时,列车长向列车调度员报告情况,请求临时停车;接到调度临时停车命令后,应编制客运记录,交指定站救治。

(3)发生3人及以上具有疑似食物中毒症状时,除按上述要求救治外,列车长及时通知前方停车站和防疫部门,并向段调度室和铁路局客运调度报告,怀疑投毒导致食物中毒时,还应同时向铁路公安机关报告。报告内容要简明扼要、清楚,包括:日期、车次、运行区段、发病时间、地点、病人主要症状、发病人数(包括危重人数及死亡人数)、可能引起中毒的食物等,要求车站组织采取措施。并做好相关记载,编写客运记录,做好向车站移交的准备工作。

(4)在抢救安置中毒旅客的同时,乘务人员要做好解释工作,稳定旅客情绪,防止造成混乱。乘警负责保护好现场、维护秩序,收集、保留、封存造成食物中毒或可能致食物中毒的食物及其原料、器具,将病人的呕吐物样品一并留存,等待卫生防疫人员进一步调查。

(5)如不能排除食物中毒是列车供应食品所致,要停止列车食品供应活动,立即采取措施追回已售出的可疑食物或通知旅客禁止继续食用,防止事态进一步扩大。能确认导致食物中毒的食物是因配餐或某站出售的食物造成的,应及时报告铁路局客运调度员通知生产销售部门停止销售。

(6)列车长、乘警应及时调查发病的原因,收集证据材料,了解旅客发病症状、进食史,并做成记录,形成第一手资料。对中毒病人的基本情况做好登记,以便协助卫生防疫等部门最终调查确定诊断。

(7)移交中毒旅客时,列车长应将记录和有关材料一并移交车站,以便车站做好善后处置。

十七、旅客列车上发生纠纷、斗殴事件的应急处置

(1)旅客列车发生纠纷、斗殴事件时,立即报告列车长和乘警,及时赶赴现场维护秩序,制止打架、斗殴,做好纠纷调解,防止事态扩大。

(2)对受伤人员要积极组织抢救。导致严重后果的,会同公安人员同时编制客运记录和公安"站车交接三联单"交车站及派出所处理。

(3)协助乘警调查了解事件原因及经过,收集不少于2份旅客证实材料。

十八、发现精神病旅客的应急处置

(1)列车乘务人员要经常巡视车厢,发现旅客语言、行为不正常迹象时要坚守岗位,对其密切关注。旅客确有突发癔病或精神病发作迹象时,立即通知列车长和乘警,要本着对人民生命财产高度负责的态度,认真对待。

(2)遇有旅客精神病狂躁发作,危及人身安全时,应动员周边旅客协助,采取强制措施,将该旅客带到远离旅客密集区的合适处所安置,但不要脱离旅客,并派专人(乘务员、乘警)看护,防止发病旅客从车窗、车门跳车。(乘务员要及时检查车窗、车门锁闭情况,确保安全。)

(3)列车长、乘警应采取果断措施,乘警应对其搜身以防用器械伤人或贵重物品散失。列车长检查旅客车票、携带品及有关证件,取得不少于两份的旅客旁证材料。证实材料应当准确真实,证人的姓名、工作单位、住址、身份证号码、电话号码等要详细记载。

(4)利用广播求助医务工作者到场协助诊治(登记医生姓名、身份证号码)。

(5)条件允许时可与其家属取得联系,在到站或换乘站接应。列车长编制客运记录移交旅客到站或换乘站处理。不得转交中途站。

(6)车站向列车移交无人护送的精神病患者,列车长可拒绝接受。对有人护送或由车站工作人员和公安人员护送的精神病患者,列车要向护送人员介绍安全注意事项,并予以协助,给予方便。

(7)遇有精神病旅客上厕所时，要设专人监护，厕所门不能锁闭，要留有缝隙，防止发生意外。

(8)列车上发现无人护送的无票精神病患者，列车长编制客运记录交三等及以上车站处理。

第三节　动车组列车非正常情况应急处置

一、动车组列车发生火灾爆炸的应急处置

动车组运行中发生火情、火险、感温、感烟探测器报警时，列车长、乘警、添乘干部及在场的列车乘务人员、餐饮服务人员、保洁人员，利用现有条件迅速扑救，实施灭火，如已发生火灾时应立即停车。

(一)现场扑救

1. 立即停车

运行中发生火灾时，乘务员应选择有利于疏散旅客的地点，立即使用紧急停车装置停车。紧急停车时，应该尽量避开重要建筑物、油库和居民集中居住区，不得停在桥梁上、隧道内。列车停车后，列车长立即通过司机向列车调度员报告。

2. 疏散旅客

动车组停车后，要立即采取措施组织旅客疏散，使旅客最短时间内撤离起火车厢。

(1)动车组停车后，列车长立即组织旅客向相邻车厢等安全位置疏散。

(2)需要向车下疏散时，双线或多线区间原则上打开不在邻线或安全区域一侧车门。可使用专用钥匙打开列车车门，或手动操作开启车门。在无站台或低站台停车时可使用应急梯和过渡板。

(3)需要紧急逃生时，组织旅客使用紧急破窗锤将车厢内紧急逃生窗玻璃击碎后进行疏散。对已经疏散的旅客，严禁返回事故车厢。

3. 迅速扑救

列车长、乘警、随车机械师应立即判明起火原因、部位，就地取材，迅速组织输送灭火器和救火物品进行扑救。

动车组发生火灾时司机应立即通知就近车站和向列车调度员报告要求停电。

4. 切断火源

疏散旅客后，立即手动关闭起火车辆两端通道防火隔断门，将相邻两车隔断，防止火势蔓延。

5. 设置防护

动车组发生火灾在区间停车需要防护时，按照《技规》第 292、293、294 条等相关规定执行。

6. 报告救援

列车长应迅速向铁路局客运调度员报告事故概况，包括车次、时间、地点、火势、人身伤亡、动车组内旅客人数等有关运行的简要情况，并根据火灾损失和旅客伤病情况请求医务人员、药品、饮水、饮食、衣物、车辆等物资救援。

7. 抢救伤员

列车长组织对受伤旅客进行抢救，并指定专人负责掌握伤情、人员数量等情况。对伤情严重的旅客要根据具体情况由红十字救护员或旅客中的医务工作者采取止血、简易固定、包扎等现场初期救护措施，进行紧急施救。

在疏散旅客的同时，应察看停车地点周围的交通条件，将伤情严重的旅客提前安置在便于救护车停车的地点，拨打 120 请求救护，将救护车停车地点向 120 报告，为快速抢救伤员努力创造条件。

8. 保护现场

在扑救火灾时，列车乘务人员应保护好现场，并采取措施做好宣传工作，稳定旅客情绪，维持秩序，以免发生混乱。

9. 协助查访

积极协助公安和有关部门了解情况，提供线索。

10. 认真取证

由公安乘警索取当事人或目击证人不少于2份的书面材料和本列列车乘务员的书面材料。

(二)组织分工

动车组在区间发生火灾时,当上级领导和公安消防机构未到达前,扑救工作和对受伤旅客进行抢救及疏散工作由列车长组织指挥,其他人员应密切配合。动车组在车站发生火灾时,扑救工作和对受伤旅客进行抢救及疏散工作由车站统一组织指挥;车底在库(线)内发生火灾,扑救工作由车辆部门领导组织指挥。火灾扑灭后,列车长、乘警长、随车机械师要对起火部位进行全面检查、确认,在保证安全的情况下,列车方可继续运行。

二、遇有车内旅客吸烟导致动车组停车的应急处置

动车组列车各部位均不得吸烟,列车乘务员发现旅客吸烟应予制止。如果旅客吸烟引起报警,将导致列车紧急制动,列车长要第一时间赶到现场确认,并及时与司机沟通,说明停车原因,然后才能启动列车,继续运行。乘警要调查当事旅客,对责任旅客进行批评教育,并可按有关规定实施治安处罚,同时应及时向主控中心室汇报。

三、动车组列车空调失效不能及时恢复的应急处置

(1)动车组列车因故停车不能维持运行、空调失效超过20 min不能恢复时,列车长应及时与司机、随车机械师沟通,视情况做出打开车门决定,并通知动车组司机报告列车调度员。

(2)列车长组织列车员在司机、随车机械师的配合下,在车厢内运行方向左侧(非会车侧)车门处安装防护网,由随车机械师通过手动操作,打开部分车门对车内进行通风。打开车门的具体位置、数量由列车长根据动车组乘务人员的配置情况确定。

(3)防护网安装完毕,打开车门后,由列车长组织乘警、列车员、餐车工作人员及随车保洁员值守,严禁旅客自行下车。列车乘务人员

（含餐饮保洁）应当将车门处的旅客动员到车内，严格值守车门，直到车门关闭。列车长在确认防护网固定状态及防护后报告动车组司机。

（4）动车组列车安装好防护网、打开部分车门，由列车乘务人员防护的情况下允许限速 60 km/h 运行，通过高站台时限速 40 km/h。司机根据列车长的报告，向列车调度员申请打开车门限速运行的调度命令。列车调度员向沿途各站及司机（救援时同时向救援机车司机）下达"×次因空调失效开放部分车门运行，限速 60 km/h（通过高站台时限速 40 km/h 运行）"的调度命令。

四、动车组列车运行途中停电的应急处置

（1）动车组列车运行途中突然停电时，应立即通知随车机械师进行检查，排除故障。如不能及时修复，随车机械师应通知司机报告列车调度员，听候命令。

（2）动车组列车停电时严禁任何人使用明火照明。

（3）列车工作人员要做好宣传劝阻，稳定车内秩序，严禁旅客下车，加强治安管理。乘务员坚守工作岗位，加强车内巡视，防止发生意外。

（4）停电状态下动车组在中间站（或区间）长时间临时停车时，列车长应组织列车员、乘警、随车机械师、餐饮、保洁等乘务人员在车厢内运行方向左侧（非会车侧）车门处安装防护网，由随车机械师通过手动操作，打开部分车门对车内进行通风。打开车门的具体位置、数量由列车长根据动车组乘务人员的配置情况确定。防护网安装完毕，打开车门后，由列车长组织乘警、列车员、餐车工作人员及随车保洁员在端门处值守，严禁旅客进入车厢连接处或自行下车。列车乘务人员（含餐饮保洁）应当将车门处的旅客动员到车内，严格值守车门，直到车门关闭。

（5）冬季动车组因停电或故障长时间停车，车内温度低于零上 10 ℃或重点旅客需要时，为旅客发放防寒羽绒服和防寒被。防寒备品发放后，由动车组客运乘务人员做好登记。

（6）客运段应规范动车应急备品的配备，定期对乘务班组携带的

应急备品进行检查。动车乘务班组应配备应急照明灯、引导旗、耳麦式扬声器(喇叭)等应急备品。

五、动车组列车照明停电时的应急处置

(1)动车组列车运行中发生车厢照明突然停电时,客运乘务员要立即通知动车机械师到场处理,迅速查找原因修复故障、恢复供电。

(2)列车因故障不能供电时,动车机械师要根据实际情况,立即通知列车长,暂时停止使用部分电器来保证应急用电。列车长要按照动车机械师要求组织列车员关闭车厢内相关用电设备,并逐车向旅客告知关闭电器原因,防止出现恐慌。

(3)列车长、乘警应及时到场,加强安全宣传和治安管理工作,稳定车内秩序,严防不法分子乘机破坏,做好专运人员和重点旅客的安全保护及服务,同时向旅客做好正面解释工作。

(4)停电车厢应派乘务员坚守岗位,启用照明手电加强车厢巡视,做好安全宣传,严禁使用明火照明。

(5)列车长应会同动车机械师迅速查明原因,立即向上级汇报。

六、动车组列车发生旅客急病的应急处置

旅客在动车组上发生急病时,列车长要立即组织救治。如病人不能继续乘车,列车长要通知动车组司机,同时向铁路局客运调度员报告,由铁路局客运调度员负责与前方停车站联系,做好营救急病旅客的准备;如病人病情严重,需要临时停车,列车长通过司机报告列车调度员,列车调度员接到报告后,应尽快确定前方有医院的停车站,并向司机和停车站下达调度命令,有关站车接到命令后,应及时做好交接和救护等准备工作,在前方有医院的车站临时停车后,列车长编制客运记录,将旅客交由车站负责转送医院。

七、动车组列车因故障组织旅客换乘的应急处置

(1)在确认动车组列车在始发站故障无法修复需要更换车体换乘

时，由铁路局客运调度通知换乘站（车务段）、客运段、餐饮保洁部门做好换乘的各项准备工作。铁路局应指派专人到车站进行指挥；需要启动热备车体到区间进行救援时，客运段应派专人随热备车体前往救援。

（2）使用热备动车组组织旅客换乘时，站车应加强组织，在保证安全的前提下做好旅客换乘工作，按规定做好换乘旅客的饮食供应和后勤服务工作，两列换乘车底原则上要安排在同一站台方便旅客换乘。此时，站段应急领导小组应立即赶赴现场，必要时，铁路局应急领导小组成员应赶赴现场组织指挥。

（3）使用非动车组热备车底替换动车组开行旅客列车时，车次应当相对固定（原则上将原动车组车次改为特快或快速旅客列车车次），开车命令必须在开车1 h前下达，跨局旅客列车由铁路总公司、局管内由铁路局客运调度下达停运动车组，开行旅客列车的调度命令。客运调度命令中须明确的停运动车组列车车次，车底所属局、开行车次、编组顺位、车种、型号、定员、停车站到开时刻、乘务担当单位等相关条件由车辆处、客运处提供。

（4）车站接到热备车开车命令后，应按票价差备足零款，指定专人到指定地点组织引导旅客收回动车组旅客原票，换发新票并退还票价差额。旅客要求改乘其他列车时，车站应及时办理改签手续，并尽可能地改签为有席位车票。退票、改签不收手续费。

（5）换乘时，站车要认真组织验票，严禁持其他车次车票的旅客上车，持有停运动车组列车车票的旅客，必须换新票后方可上车。

（6）因更换车体导致发生席位变化时，客运处客票中心负责协调相关局、制定席位替换方案及指导管内站段做好席位替换和退补席别差价工作。席位替换方案以书面形式下发有关部门和站车单位（如因时间关系可以电话形式口头进行通知）。

（7）车站主管站长负责到现场进行席位替换后旅客乘降的现场组织工作（替换依据以客票中心提供的席位替换方案为准），车站客运人员、售票人员、客运段动车班组为席位替换旅客做好换票、引导和退补席别差价工作。

(8)列车长应准确掌握替换席位,对未实现席位替换的旅客按有关规定编制客运记录到站处理。

八、动车组列车在隧道内停车不能继续运行的应急处置

(1)动车组列车在隧道内发生因线路中断及故障不能继续运行时,列车长应按“应急报告”程序及时向上级有关部门报告,听候上级命令,及时部署下一步应做好的重点工作。在通信信号不畅的情况下,使用铁路局配发的GSM-R专用电话与铁路局调度取得联系。

(2)列车长在30 min内将铁路局告知的故障原因、晚点时间等相关信息向旅客进行发布,并代表铁路部门向旅客致歉,在为取得旅客的理解和帮助,应发动旅客,在旅客群体中选出军人、警察、干部、学生等为旅客代表帮助做好相关工作。

(3)动车组发生事故紧急逃生时。列车乘务人员迅速组织旅客使用安全锤砸破紧急逃生窗逃生。有人员伤亡时,列车长立即通知司机,司机向铁路局调度报告。

(4)在组织旅客进行换乘和需要迅速疏散旅客时,按调度命令要求有序组织。列车长要及时通过广播向旅客进行宣传和解释,在停电和隧道照明不足的情况下要使用引导旗、强光手电、喇叭、爆闪灯等应急备品辅助进行。

(5)在接到组织旅客向隧道内疏散和换乘的命令后,列车长应通知司机打开运行方向左侧车门(非会车一侧)。列车乘务员(客运乘务员、随车机械师、乘警、餐饮服务员、随车保洁员)应提前到车下车门处进行安全防护,防止发生旅客绊倒、摔伤而引起的踩踏事故,同时做好宣传,告知旅客下车后靠近隧道墙壁站立,严禁上线和侵入线界,避免发生人身伤害事故。

(6)旅客下车后,由列车长指派专人巡视车厢确认车内有无遗留人员。经确认后告知司机车内人员已全部下车。

(7)需要向隧道中部横通道内转移旅客时,应先确认横通道位置

并指派最靠近横通道位置的乘务员在前部引导旅客进入横通道，旅客全部进入横通道内后，由乘务员负责关闭横通道门，并告知通道门口处旅客严禁私自开启通道门，防止火灾时烟雾侵入。乘务员在横通道内加强巡视，稳定旅客情绪。列车长与调度（指挥中心）确认事故区段上、下行线路是否已封闭，在接到命令确认后，由乘务员开启另一端横通道门，带领旅客有序进行换乘或组织旅客从隧道内的指定出口（逃生斜井）组织逃生。

九、动车组列车因故障晚点和旅客滞留的应急处置

(1)铁路局调度所应按规定做好动车组晚点信息的预报和通报工作。

(2)动车组在始发站晚点时，车站应及时通知旅客，旅客在始发站乘车前要求退票或改签时，车站应及时办理退票或改签；在局管内始发站，须客运处或客运段班子成员添乘，组织列车乘务组做好服务、解释和安抚旅客工作。

(3)接到动车组终到晚点 30 min 及以上的通知后，车站站长、派出所长须带领客运、公安人员到站台接车，组织旅客下车出站，并做好向旅客致歉、解释工作。铁路局客运处、铁路公安局（处）领导要到站台接车，帮助指导车站做好应急处置工作。

(4)在动车组列车出现故障后，列车长根据车内情况，组织旅客配合，按车厢选出旅客代表和旅客志愿者（代表可从军人、公安、干部、学生中选出），帮助乘务人员做好应对突发事件的应急工作，列车长可集中向旅客代表布置应急处置措施，争取旅客支持和帮助。

(5)救援物资补充。

①动车组列车在外局发生故障或列车晚点时，铁路局客运处负责联系相关铁路局客运处在有条件的车站向故障列车提供救援物资（食品、饮品等）。

②动车组列车在局管内发生故障或列车晚点需要救援物资时，客运处根据列车长提供所需品类、数量通知客运调度，客运调度以调度命令形式要求沿途有关站车单位向列车提供救援物资。如需在非停

车站停车补充救援食品或增派人员上车协助工作时,由客运处提出具体要求一并在调度命令中显示。

③列车补充饮水及食品时,列车长要提前与车站或有关人员联系,确认补充食品的车门位置,指派专人提前在车门口等候交接。

④在接到救援食品及饮用水后,列车长要统一指挥、有序向旅客免费发放,发放同时要向旅客致歉。

(6)在动车组列车故障晚点超过1 h及以上时,铁路局客运处应派专人到铁路局所在地车站接车,处理旅客诉求。发生旅客因滞留等原因向铁路要求因晚点赔偿时,站车工作人员应当以说服劝解、诚恳道歉为主,耐心细致地做好解释和相关法律法规的宣传工作,稳定情绪、化解怨气,力争取得旅客的理解和配合。

(7)公安部门要积极配合客运部门,认真开展滞留旅客的说服劝离工作,争取理解与支持。客运部门在宣传和说服旅客离开车厢时,现场应有公安人员维持秩序。经反复工作劝离无效时,公安人员可根据有关规定对拒不下车的人员依法采取措施带离车厢。对煽动旅客滞留车厢和扰乱列车治安、破坏铁路运输秩序、用暴力手段对抗执法的个别人员,要认真调查取证,依法追究其法律责任。

复习思考题

1. 遇冰冻雨雪灾害列车受阻时应如何处置?
2. 锅炉发生干烧时如何处理?
3. 发生冻车时,一般情况下冻结位置有哪些?
4. 锅炉温度急剧上升而车厢散热管不热应怎样进行处理?
5. 发生旅客食物中毒时,报告内容包括哪些?
6. 动车组列车空调失效不能及时恢复时应如何处置?

第三篇　规章制度

第八章　冬春运相关规章制度

第一节　《技规》摘录

1. 对防寒工作，应提前做好准备。铁路局要抓好以下工作：

(1)对有关人员进行防寒过冬培训，并按规定做好防寒劳动防护用品的配备和发放工作；

(2)对铁路技术设备进行防寒过冬检查、整修，并做好包扎管路等工作；

(3)做好易冻的设备、物资的防冻解冻工作；

(4)储备足够的防寒过冬材料、燃料和工具，检修好除冰雪机具和防雪设备，组织好除冰雪队伍。

2. 铁路行车有关人员，在任职、提职、改职前，必须经过拟任职业的任职资格培训，并经职业技能鉴定、岗位任职资格考试合格，取得相应等级的职业资格证书和相关岗位任职资格后方可任职。

在任职期间，应按规定周期参加任职岗位适应性培训和业务考试，考试不合格的，不得上岗作业。

3. 铁路行车有关人员，在任职前必须经过健康检查，身体条件不符合拟任岗位职务要求的，不得上岗作业。

在任职期间，要定期进行身体检查，身体条件不符合任职岗位要求的，应调整工作岗位。

4. 对行车有关人员,应加强日常安全生产知识和劳动纪律的教育、考核,并有计划地组织好在职人员的日常政治和技术业务学习。

5. 驾驶机车、动车组、动车、自轮运转特种设备的人员,必须持有铁道部颁发的驾驶证(注:现由铁路总公司颁发)。变更驾驶机型前,必须经过相应的技术培训并考试合格。

实习和学习驾驶机车、动车组、动车、自轮运转特种设备和操纵信号或重要机械、设备及办理行车作业的人员,必须在正式值乘、值班人员的亲自指导和负责下,方准操作。

6. 铁路行车有关人员在执行职务时,必须坚守岗位,穿着规定的服装,佩戴易于识别的证章或携带相应证件,讲普通话。

7. 铁路行车有关人员,接班前须充分休息,严禁饮酒,如有违反,立即停止其所承担的任务。

8. 行车公寓是专为乘务人员服务的生产设施,应有良好的通信、叫班管理设备和乘务管理设备,有生活、服务、学习、文娱、健身等设施。应保证乘务人员随到随宿,不间断地供给热食及开水。室内应有卫浴设施,经常保持适当的温度,整洁和安静的休息条件;室外应绿化、美化。

铁路各级领导应关心公寓工作,铁路局长每半年至少检查一次公寓工作。

9. 铁路职工必须严格遵守和执行本规程的规定,在自己的职务范围内,以对国家和人民极端负责的态度,保证安全生产。

10. 铁路各单位对遵守本规程成绩突出者,应予表扬或奖励;对违反者,应视其违反程度和造成事故的性质、情节及后果,给予教育、纪律处分或追究法律责任。

第二节 《铁路旅客运输管理规则》摘录

1. 防寒工作应提前做好以下工作:

(1)对有关人员进行防寒过冬教育并考试;

(2)对站、车设备进行防寒过冬检查、整修,保证设备完好;

(3)储备足够的防寒过冬材料、燃料和工具,检修好除冰雪用具和防冻防雪备品;

(4)组织好人员,及时清除冰雪。

2. 运行到东北、西北、华北地区的客车须在十月上旬完成客车防寒整备工作;运行到其他地区的客车须在十一月上旬完成客车防寒整备工作。由铁路局按照客车整备质量要求组织验收,进行质量抽查。

3. 独立焚火采暖的客车,采暖前由车辆段点火试验,循环良好,与客运段办理交接。防寒采暖设备不良,车内温度不能保证 16 ℃以上的客车,不得编挂使用。

4. 旅客列车采暖用煤和引火柴,由车辆段负责储备。独立暖房上煤、补煤由客运段负责;单程运行 1 000 km 以内的旅客列车,由列车担当段始发一次上足往返所需燃料,单程运行 1 000 km 以上的旅客列车,可在折返段补充燃料。

专运列车(车辆)或旅客列车遇有临时情况,需要在中途补煤时,根据列车长电报,由客运段负责补煤。

5. 冬季之前,需在折返段补充燃料的客运段,应提早向折返段补充燃料单位提出计划,折返段纳入计划,保证供应。

折返段和中途临时补充燃料所需费用,根据列车长的签字向担当列车配属段一次清算。

6. 客车采暖期间,客运段根据实际需要配备锅炉工,负责独立暖房的焚火和在折返站库内停留期间看管工作。需设专人负责上煤时,可根据工作量配季节性临时工。

锅炉工、上煤工应按规定发给劳动保护用品,运行在寒冷地区的列车,应发放乘务员防寒服装。

7. 采暖期间,房产建筑部门应对客运房舍、供暖设备进行一次检查、整修,保证设备完整,好用。有锅炉供暖设备的车站,由房产建筑部门负责昼夜供暖;无锅炉供暖或装有空调装置的车站,由车站负责供暖。

8. 候车室内气温低于 14 ℃时,应及时供暖。客车采暖时间由铁路局根据气候情况确定,并通知有关铁路局。

第三节 《客运规章汇编》摘录

一、《铁路临时旅客列车组织管理暂行办法》(铁运〔2001〕63 号)

1. 临客准许无隔离车运行。不编挂隔离车时,与机车连挂的客车车辆前部端门由乘检负责锁闭。

2. 除特殊情况外,直通临客必须满编组运行。临客编组中必须编挂广播车,茶炉车不少于 5 辆。

3. 人员要求:

(1)临客列车的列车长、乘警长、检车长、餐车长、广播员、行李员及列车值班员必须具备较丰富的乘务工作经验,有独立工作能力。其他乘务人员具备工种基本业务素质。

(2)临时助勤的客运乘务员由铁路局或客运公司按统一速成教材集中培训,培训时间不少于 10 天,考试合格和健康检查合格后持证上岗。

(3)各工种乘务人员值乘时,必须穿着本工种规定服装,佩带职务标志,精神饱满,仪容整洁。

4. 环境卫生:

(1)列车应取得卫生许可证。始发卫生做到窗明地净,四壁无尘,物见本色,保持干燥。中途做到地面随脏随扫,盥洗间、厕所随脏随刷,保持洁净无异味。终到做到垃圾、污水、粪便三不带。

(2)列车垃圾必须装袋、封口,不撒漏,按规定的定点投放站投放。垃圾袋标有担当单位标记。列车"消、杀、灭"符合《铁路卫生监督检查办法》规定的要求。

(3)列车各种标志齐全、醒目、牢固。物品摆放整齐,清扫用具隐蔽、定位。车内禁止吸烟并设有不吸烟标志。

(4)有空调设施的车辆,冬季车内温度为18℃～20℃,夏季24℃～28℃;无空调设施的列车,冬季车内温度不得低于14℃。

(5)列车车内照明应符合《铁路旅客列车车内照明卫生要求》(TB/T 2241—90)规定。列车夜间运行时,卧铺内的作业应将噪声降到最低程度。

5. 安全要求:

(1)因列车超员造成车辆弹簧压死或车钩钩差过限时,不得开车。列车长必须组织有关人员采取有效措施疏解旅客,并通知车站予以配合,迅速恢复车辆正常状态,保证行车安全。

(2)列车乘务人员能熟知、会用紧急制动阀、轴温报警器、手制动机(现统称为"人力制动机")、风表、灭火器、配电盘等列车安全设施,会使用取暖锅炉。对列车上发生的紧急情况会做应急处理。

(3)加强列车"两炉、一灶、一电"及防火设施的管理,操作人员必须持有合格证。锅炉、茶炉清灰时不得离人,附近严禁堆放易燃物品,做到离人加锁。电源、刀闸处严禁挂、放物品。

(4)加强对行李车、邮政车、广播室的安全检查。严禁行李车超载、偏载,物品堆放不牢、倒坍、堵塞中间通道,严禁闲杂人员进入两车一室,杜绝火种隐患。

(5)要加强旅行常识和禁带危险品常识宣传,发现危险品能够及时处理,消除隐患。

(6)食品生产经营者应取得"卫生许可证"。食品、餐料采购、保管、加工、出售符合《食品卫生法》。直接入口的流动出售食品有包装,不得裸露出售;不得出售无厂名、无有效期标识的食品,严禁出售过期食品。

6. 服务:

(1)接待旅客要文明礼貌,纠正违章要态度和蔼,处理问题要实事求是。尊重旅客的风俗习惯和宗教信仰。

(2)及时通告站名和到开时刻,对中间站下车的旅客做到心中有数并组织旅客提前到车门等候下车,避免因乘降组织不力造成站停超时。

(3)对重点旅客要重点服务,做到:知位置、知困难、知到站,有登记、有服务、有交接。

(4)列车卧具必须消毒合格、平整、洁净、干燥。直接接触人体的卧具做到软卧一人一换,硬卧一个单程一换。卧具终点站收取,折返站停留不足 4 h,可提前 40 min 收取。

(5)临客停车上水站必须给临客及时充足上水。列车应确保旅客饮用水的需要。

二、沈阳铁路局《旅客列车采暖供气日期及要求》(沈铁客发〔2008〕208 号)

为加强旅客列车供暖工作,切实提高列车供暖质量,维护旅客的正当权益,对客车采暖供气工作提出如下要求:

1. 每年 10 月 25 日起至次年 4 月 15 日止为旅客列车采暖期。在高寒地区和夜间运行的旅客列车,可根据运行区段的具体情况适当提前或延长采暖期,具体实施由客运段负责提出要求和通知车辆段做好准备并报铁路局客运、车辆处。

2. 每年采暖期,客车配属段要提前对客车给水、供暖系统(包括电采暖)进行一次全面检查和彻底整修,保证作用良好。

3. 独立焚火供暖的客车,供暖前由车辆段负责点火试验,保证循环良好,合格后与客运段办理交接。

4. 客运段焚火前,要对焚火人员进行岗前培训,经理论考试和实作考试颁发合格证后,方准持证上岗作业。

5. 采暖期结束,由客运段负责对锅炉间进行彻底清扫,与车辆段办理交接,由车辆部门负责加锁封闭。

6. 空调客车供暖(供气)不受采暖期限制。应根据季节气温变化情况,适时提前供暖或延长采暖期;按车内实际温度及时调控温度,确保客车温度达到规定标准。

三、沈阳铁路局《关于列车炉灰排放安全作业的有关规定》(客管〔2008〕29号)

为认真执行有关站车防火工作的各项规定和要求,强化列车焚火人员作业安全职责的落实,切实提高列车焚火作业质量,现对列车餐车锅炉、取暖锅炉及车厢茶炉炉灰安全排放问题做出如下规定:

1. 列车运行时,严格执行列车炉灰(渣)排放的有关规定,严禁在桥梁上、隧道内和林区向线路上排放炉灰和炉渣。

2. 严禁在列车进、出站前五分钟内和通过车站时向线路内排放炉灰和炉渣。

3. 列车锅炉、茶炉清下的炉灰和炉渣必须立即浸水降温,锅炉、茶炉间不得存放未经浸水的炉灰和炉渣。

4. 列车运行时,通过列车排灰口排放炉灰和炉渣时,必须经浸水降温后再行排放。

5. 列车在局管内运行及停留时,严禁向区间、车站线路和库内停留线上排放炉灰和炉渣。

6. 列车在局管内运行时,炉灰和炉渣必须经浸水降温后,装袋、扎口随垃圾在指定的垃圾投放站投放。

各客运段、车队、车间要严格执行上述规定,根据"焚火列车"运行实际,按车次制定列车排灰作业流程,确保旅客乘降、列车防火安全。

四、沈阳铁路局《关于加强铁路邮运安全管理的通知》(沈铁客发〔2006〕12号)

1. 运邮车厢除持有"押运员免费乘车证"和"邮运视导员免费乘车证"的运邮人员外,其他人员一律不准乘坐。"押运员免费乘车证"应随同"邮局押运邮件人员服务证"("工作证")使用有效。

2. 每辆运邮车厢限乘3名及以下押运人员(不包括邮运视导员)。特殊情况需增加押运员时不得超过1人,且应在列车开车前告知列车长。

3. 运邮押运人员和视导人员除办公用具、备品及个人生活用品、食品和衣服被褥外,其他物品均不得带入运邮车厢。

4. 运邮车厢内严禁使用电炉子、电饭锅、电炒勺等电器设备和煤气、汽油、柴油和酒精炉等明火做饭或取暖。

5. 运邮车厢内邮件堆放要整齐、稳固,不得超重或偏载;车厢内必须按规定留有防火通道,按规定配置灭火器等设备。运邮车厢的门铃要保证性能良好,作用不良时应及时通知检车人员维修。

6. 运邮人员进行邮件装卸作业和在列车运行时,必须自觉遵守所在车站或列车有关邮件装卸、车辆行驶、停放及人员进出站等安全管理的规定,必须听从铁路车站客运人员或列车长的指挥。接受铁路局客运、安全、公安、车辆等监察人员的安全检查时,应出示有关证件。

7. 列车长应加强对运邮车厢的检查和巡视,列车始发和终到前,必须对运邮车厢进行检查,途中每 400 km 必须巡视一次以上,重点检查运邮车厢预留防火通道情况和运邮人员违规使用电器、炉具问题及清理无票乘车人员。

8. 列车长或铁路局客运、安全、公安、车辆等监察人员对运邮车厢进行安全检查时,对违反铁路有关规定或拒绝检查的运邮人员,可没收其“押运员免费乘车证”或“邮运视导员免费乘车证”,并于 5 日内将证件送交铁路局客运处客管科。

9. 编挂运邮车厢的旅客列车同时编挂餐车时,列车应为邮政部门的运邮押运员、视导员提供就餐方便,费用按 5.00 元/每餐的标准收取。

10. 对违反铁路有关规定或拒绝检查的运邮人员,铁路部门除没收其“押运员免费乘车证”或“邮运视导员免费乘车证”外,同时向各省邮政局进行通报;对特别严重的问题将通过铁道部(注:现为铁路总公司)向国家邮政主管部门通报。

11. 邮政部门应加强对运邮人员的安全、纪律教育,有效规范作业人员的行为,自觉遵守铁路、邮政部门有关安全管理的有关规定,维护铁路声誉,确保邮件运输安全。

12. 邮政部门要加强对运邮车厢的管理，经常对运邮车厢的安全状况和运邮押运员的安全作业情况进行检查，发现设备安全问题应及时向铁路车辆检修部门反映；对不适合在运邮车厢作业的人员应及时进行调整，共同保证旅客列车的运输安全。

13. "押运员免费乘车证"的使用有效期为两年，"邮运视导员免费乘车证"的使用有效期为一年，每年 3 月份更换，由铁路局负责印制和发放，加盖"沈阳铁路局客运处邮运管理专用章"。

14. "押运员免费乘车证"按列车编挂运邮车厢数量、包租行李车数量和车体组数按每辆 4 人的标准发放，特殊情况可根据押运员班次不同增加适当的备用量。

五、沈阳铁路局《旅客列车使用附加用电器具规定》（沈铁辆函〔2005〕299 号）

本规定所述用电器具，系指客车原结构配备的电器设备以外的、使用客车电源的各种用电器具。

（一）使用要求

1. 客车原结构配置的电气配线及电源插座，任何单位不得擅自改装和移设，若需改动时必须报铁路局车辆处批准。

2. 客车原结构配置的电源插座，在容量允许和确保安全的前提下，允许"三乘一体"及旅客就近使用。使用范围限笔记本电脑、剃须刀、手机（相机）、对讲机等须充电的小容量用电器具（不需审批）。电饭煲、电热杯、电炒勺、电磁炉、电吹风等电加热设备严禁使用。除此之外，使用其他用电器具时必须履行审批手续。

3. 用电器具及其插头、配线，必须符合国家标准或行业标准，非标产品不得使用。

4. 附加的用电器具凡需在车内固定的，由车辆部门负责安装；不需固定的由产权部门妥善放置，不得影响使用和维修其他客车设备。

（二）责任认定

1. 插座及插座以内电气系统的安全由车辆部门负责。

2. 插头、配线及用电器具的安全由产权部门负责。

3. 旅客使用电器的安全,由客运乘务员负责管理,“三乘一体”其他人员也要进行监督。

复习思考题

1.《铁路旅客运输管理规则》中规定,防寒工作应提前做好哪些工作?

2.《铁路临时旅客列车组织管理暂行办法》中,对临客乘务人员有哪些安全要求?

3. 旅客列车使用附加用电器具有什么要求?

第四篇　事故案例

第九章　事故案例分析

第一节　职工人身伤害案例

一、横越线路或身体侵线

【案例 1】　2005 年，××客运段担当的××次列车厨师长杨某（男）在折返站上公寓洗澡后，独自一人返回车体途中，当行至编组站下行 1 道正线时被快速通过的××次旅客列车撞上，当场死亡。

【原因分析】　厨师长杨某违反折返站外出需两人以上同行的规定，单独一人返回时没有认真执行“一站、二看、三通过”制度，盲目抢越线路，是造成事故的直接原因。间接原因是餐车主任对本班组人员安全管理要求不严，教育不到位，班组人员之间没有起到安全互控的作用，导致个别人员随意单独行动。

【案例 2】　2011 年，××客运段担当的××次列车乘务员付某在折返站站停保休期间，违规离开车体，侵入相邻线路接打电话，被通过的动车组列车刮伤，经抢救无效死亡。

【原因分析】　乘务员付某在保休期间严重违反劳动纪律，擅自打开车门，到车下接打电话，身体侵入下行正线，被通过列车撞伤致死，是发生事故的直接原因和主要原因。列车长在乘务员保休期间没有及时提醒相关安全要求，班组互控有名无实也是发生事故的重要原因。

【案例3】 2006年,××站客运车间上水工韩某(男),在该站3至4站台间横越线路时,被10道通过的货物列车刮伤头部,经抢救无效死亡。

【原因分析】 直接原因是责任者自身安全观念淡薄,在线路行走时违反路局《劳动安全作业防护标准》中关于"横越线路时,应一站、二看、三通过,注意邻线左右机车、车辆动态"的规定,在机车距离10 m左右,突然走上10道线路,被机车撞上,是导致这起事故的直接原因。间接原因是客运车间劳动纪律松散、日勤职工管理不严,安全管理严重失控。

【案例4】 2012年,××车务段管辖××站客运员赵某当班期间,在没有岗位作业内容和被指派的情况下,擅自走上站台,横越站内平过道去车站北侧,在横越Ⅰ道时被通过的××次机车左前部撞出,当场死亡。

【原因分析】 客运员赵某严重违反劳动安全作业标准,在横越线路时不执行"一站、二看、三通过"的规定,不确认线路列车运行状态,对机车鸣笛示警和助理值班员大声呼叫也没有反应,自我保护和安全意识不强,是事故发生的直接原因。

二、电气化区段违规作业

【案例5】 2006年,××客运段担当的××次客车体临时焚火人员朱某,在车体出库停在车站2站台4道时,把10车站台侧1号门打开,脚踩翻板拿着锅炉清灰用的铁质手摇把(长0.8 m),顺着右侧车梯爬向车顶时被接触网高压电击倒坠地,落在机次1位和2位风挡连接处地面,当场死亡。

【原因分析】 直接原因是临时焚火工朱某违反《防止电气化区段职工触电事故安全措施》中关于"在电气化区段职工不准登上机车车辆顶部或翻越车顶通过线路"的规定,擅自登上车顶,造成触电死亡。间接原因是该段对临时用工管理不规范,对临时用工安全培训教育不到位。

三、乘降和脚下防护不到位

【案例6】 2009年,××客运段售货员袁某(女)担当××次旅客列车售货任务,列车在外局中途站1站台站停时,袁某打开尾前第2辆2号车厢1位车门下车,到站前广场食杂店存放未售完的雪糕,返回时发现列车起动,便慌忙追车,抓2号车厢1位车门扶手时脱手,掉下站台,被尾部行李车将其双脚轧伤,造成右脚踝上10 cm处截肢手术、左脚大拇脚趾断伤,构成责任重伤事故。

【原因分析】 售货员袁某严重违反铁路局《职工劳动安全作业防护标准》"不准飞乘飞降,抢上抢下"的规定,是事故的直接原因和主要原因。

【案例7】 2009年,××客运段材料车间任某(男)在列车始发站站台上给××次旅客列车上煤,从上煤汽车上下车时,滑倒在地,造成头部、颈椎外伤,骨髓损伤。

【原因分析】 上煤人员任某下车时不注意脚下防护,特别是冬季,站台地面冰冻,极易造成滑倒摔伤,因此,冬季站台、库内作业上、下车时要特别注意脚下安全。

【案例8】 2009年,××客运段列车员张某(女)担当××次旅客列车乘务,在与班组一起经始发站五站台去库内接车时,由于五站台南端斜坡地面湿滑,不慎滑倒,造成尾骨骨折。

【原因分析】 张某走路时不注意脚下防护,特别是冬季,地面冰冻,极易造成滑倒摔伤,而且经由无站台股道接车时更容易造成伤害,因此,冬季站台、库内作业上、下车、行走时要特别注意脚下安全。

【案例9】 2012年,××客运段列车值班员刘某(女)出乘点名后,随班组入库。当行走至车站三角线大桥时,由于刚降过雪,阶梯上积雪较多,刘某在还剩下四、五个台阶的时候,不慎滑倒,摔落到地面上,经市第三人民医院检查确诊为:左胫腓骨远端骨粉碎性骨折,被认定为责任职工轻伤事故。

【原因分析】 班前预想不够,互控作用发挥不好。此次由于刚刚降过大雪,阶梯冰雪无人清理,阶面较滑,列车长没有采取有效的帮扶、互控措施,造成刘某下阶梯时滑倒摔伤。

四、安全意识淡薄

【案例 10】 2006 年,××客运段担当的××次列车运行途中,列车长于某(男)、闫某(女)在软卧 11 号车厢乘务室内做交接准备工作时,误将 11 号车厢票夹从开着的车窗掉到车下。列车到达前方停车站后,列车长于某等三人返回将票夹子找到,打一辆桑塔纳牌出租车前往下一个停车站追赶列车送票夹子。出租车行至途中公路桥头右转弯处,因司机超速行驶偏离公路,冲到 3 m 高的桥下,造成司机张某和坐在副驾驶位置的于某当场死亡,闫某和李某被 120 急救车送到当地医院救治,均构成重伤。

【原因分析】 由于于某、闫某在值乘时工作不认真,误将票夹子从开着的车窗掉到车下,在打出租车追送票夹子时忽视人身安全,导致了发生交通事故,造成两死两伤的严重后果。同时也反映出日常安全教育不到位,个别职工安全意识不强,面对突发事件缺乏应急处理能力。

【案例 11】 2009 年,××客运段取送卧具的汽车在始发站 3 站台为该段终到的××次旅客列车取送卧具,列车员陈某(女)在汽车上装卧具时,汽车突然起动,从车上摔下,造成中度脑震荡、胸椎颈椎外伤、头皮血肿裂伤。

【原因分析】 汽车在起动时未及时向作业人员提醒、提示,做好安全联控;装运人员陈某在汽车上作业时,要随时做好自我防护,保证自身安全,当知道汽车起动时,要做好自我防护,确保自身安全。

【案例 12】 2009 年,××客运段孟某(女)担当××次旅客列车列车员,终到后,与班组人员一同便乘旅客列车返回本属段,列车某站进站前,孟某从上铺下来准备去厕所时,由于车体进站晃动,从卧铺梯子上摔下,撞在边座茶桌上,造成左侧肋骨多发骨折、左侧液气胸、左侧皮下气肿。

【原因分析】　乘务人员更应该了解列车运行中的安全注意事项，孟某自身缺乏安全意识，上、下卧铺时没能做到扶好站稳。在向旅客宣传此类安全注意事项的同时，自身更应该树立自我保护意识。

【案例 13】　2009 年，××站客运车间动车组客运员李某（女）在该站 2 站台送××次动车组列车时，由于身体突然失控前倾，从该车 3、4 号车厢连接处掉下站台，被已经起动的动车组列车轧伤，造成右腿膝上轧断、左小腿轧断、右臂粉碎性骨折、头部大面积撕裂伤，构成重伤事故。

【原因分析】　该起职工人身伤害事故，造成的原因是由于职工工作中缺乏自身安全的警惕性，安全自我防护意识薄弱，班前安全预想和应急措施培训不足。

第二节　旅客人身伤害案例

一、旅客扒车

【案例 14】　2009 年，××客运段担当的××次旅客列车起动出站后，5 车列车员在车门自检时，发现一名男子扒在背面车门扶手处，该男子看到列车员后立即转向列车外部连接处的扶梯，爬向车顶。列车员立即使用紧急制动阀停车，停车后该男子被列车员、乘警拉入车厢内。经审查确认该人为精神病患者。

【原因分析】　此次事件是由于无票精神异常人员在站台上扒乘列车引起的，暴露出车站对无票人员的日常管理和卡控流于形式，对站台的闲杂人员清理不到位，对列车的正面、背面、顶部和尾部防扒乘关键点监控不到位，站车安全防护上存在安全隐患。春暑运期间客流较大，易发生扒车问题，乘务人员要及时妥善处理。特别是要严格执行车门管理，加强四门检查瞭望，保证及时发现扒车旅客，及时正确使用紧急制动阀。

【案例 15】　2006 年，××客运段担当的××次旅客列车正点发车，此时站台尾部一男子追赶列车，站台客运员阻拦无效，此人强行扒在最后一辆客车靠尾部的车门把手上，列车开动 100 m 后停车。经车站公安人员审查，该人为某工务段通勤职工，从列车尾部方向跳墙进入车站，强行扒车。

【原因分析】 部分路内通勤人员违章使用方便门，或在列车开车前匆忙到站台，破坏车站停止检票规定，在列车起动后强行扒车，给运输安全带来极大隐患。同时暴露出车站对晚点人员卡控不严，方便门协调管理不到位，通勤职工所在车间对职工通勤安全教育乏力的问题。

二、旅客跳车

【案例 16】 2006 年××月××日，××客运段担当的××次列车途中某站开车后，一名男旅客从 YW16 车一位厕所车窗跳车致死。

【案例 17】 2006 年××月××日，××客运段担当的××次列车运行途中，一名男旅客从 15 车 2 位端厕所跳车致重伤。

【案例 18】 2006 年××月××日，××客运段担当的××次列车运行途中，一名男旅客将 8 车厕所车窗卸下跳车致重伤。

【原因分析】 【案例 16】【案例 17】【案例 18】3 起旅客跳车案例直接原因为跳车者本人，间接原因是列车厕所车窗防护栏未完全封闭，乘务人员在乘务工作中巡视不到位，没有及时发现异常旅客。

【案例 19】 2006 年××月××日，××客运段担当的××次列车运行途中，一名男旅客从 14 车和 15 车连接处，用两手扶车门两侧壁板，用脚连踹车门玻璃掉下后，突然跳车造成死亡。

【案例 20】 2008 年××月××日，××客运段担当的××次列车某站开车后约 1 分钟左右，一名旅客从机次第三位 YZ 3 车 49 号座席处自行抬起车窗跳车，造成重伤。

【案例 21】 2009 年××月××日，××客运段担当的××次列车，运行途中，一名持 16 车厢无座席客票的旅客从硬座 14 号车厢二位端方向走到该车 13 号座席处，突然跳上茶桌使用安全锤将该座席处运行方向左侧车窗玻璃击碎跳车，造成轻伤。

【案例 22】 2010 年××月××日，××客运段担当的××次列车某站 21:25(晚点 2 h 30 min)开车，一名旅客击碎 YW 16 车电茶炉间车窗玻璃跳车，导致死亡。

【原因分析】 【案例 19】【案例 20】【案例 21】【案例 22】4 起案例造成的直接原因为跳车者本人，间接原因是由于列车乘务员对于重点旅客摸排不准确，乘务中巡视不到位，对重点旅客的重点监护失控。

【案例 23】 2011 年××月××日，××客运段担当的××次列车在某大站起动后，旅客汪某(男 55 岁)由于没注意乘车日期提前上车，待发现车票日期错了后，列车已经起动，列车员正在关门时，将列车员推到一边，强行下车，从车门跳车摔伤。

【原因分析】 该站客运员检票时，未能发现旅客所持车票日期不符；列车乘务员在车门验票时未确认旅客票面的日期，该车厢乘务员在列车即将起动前，对旅客汪某的非正常举动没有引起重视，当列车起动关门时，旅客汪某表现出跳车的举动时，列车员反应迟钝，阻止不及时，是造成旅客跳车摔伤的重要原因。

三、客运组织不当

【案例 24】 2003 年，××站客运值班员唐某(女)在维持站台秩序过程中，一名旅客抢过站内平交过道，唐某上前拦阻，二人一同被通过列车当场撞死。

【原因分析】 车站对站内的平交道口管理不善，未设置防护设施，防护手段单一，日常安全教育不到位。唐某在维持站台秩序作业中，未能认真做好防护，致使一名旅客侵入线路，采取补救措施不及。

【案例 25】 2013 年，××客运站组织接发××次临时旅客列车，图定 18:07 进 7 道、18:22 开车，实际 18:29 进Ⅱ道，18:46 开车，列车开出后站台人员发现有人掉入线路，经现场确认该女性旅客当场死亡。

【原因分析】 旅客死亡原因不明，对于临客旅客列车客流相对较大,车门口组织乘降时,特别是高站台要加强车门口宣传,安放好安全渡板并进行防护,确保旅客的乘降组织安全。

【案例 26】 2007 年××月××日,××次列车××站二道停车,17:58 开车(停车 1 min 33 s),6 号车厢一名旅客李某(女,22 岁,孕妇)正要下车,发现列车起动,准备退回车内,被车厢内其他准备下车的旅客一拥而下,将李某和另一名女旅客挤到在站台上摔伤。

【原因分析】 列车长没有对站停时间短、上下车人数较多的车站重点组织,导致旅客拥挤在一个车门下车。列车员到站出场晚,旅客不能及时乘降。车站工作人员没有认真确认发车条件就盲目显示发车信号。

第三节 列车火灾事故案例

【案例 27】 2006 年××月××日,××客运段担当的××次旅客列车终到后,车底拉到附近小站停留。14:05,看车人员发现行李车锅炉间冒烟,立即向车站报警。车站将行李车解体拉至安全线实施扑救,14:35 将火扑灭。经查,事故原因系锅炉缺水干烧,车厢壁板因高温灼烧发生阴燃,过火面积约 1 m^2。

【原因分析】 该起火险由于看车人员焚火作业中,不认真进行查验,未及时掌握锅炉燃烧状态,造成锅炉缺水干烧,引起火险,暴露了车队对焚火人员安全管理和安全教育存在严重漏洞。

【案例 28】 2007 年××月××日,××客运段××次临客列车运行途中餐车发生火灾,铁路公安局接报后出动警力配合班组乘务人员将火扑灭,列车停车 45 min 后开车。经勘查,起火部位为餐车取暖锅炉间的车厢壁板,过火面积 150 cm×98 cm。

【原因分析】 起火原因是由于餐车工作人员将锅炉炉渣掏出后,未水浸直接装袋,并将炉灰袋靠放在炉室壁板上,引起壁板燃烧。

【案例 29】 2006 年××月××日,停留在外埠车辆段库内的××客运段担当的××次旅客列车餐车起火,经车辆段、班组工作人员扑救,将火扑灭。事故造成餐车后厨顶棚及过道墙板烧损,过火面积近 18 m^2,构成车辆中破。

【原因分析】 事故原因系餐车工作人员作业完成后未按规定切断电磁炉电源,且未将炒锅从炉灶上取下,电磁炉高温将炒锅内食物引燃形成明火,将上部顶棚引燃。事故发生时,餐车看车人员擅自离岗到其他车厢睡觉。

【案例 30】 2004 年××月××日,××客运段担当的××次旅客列车在中途站停靠时,餐车顶部烟囱周围窜出火苗,被该站客运值班员边某发现,并立即向有关领导报告。经过站车工作人员及时扑救,将火全部扑灭。

【原因分析】 餐车油垢清理不到位,一餐一清只走过场,餐车作业人员看车不认真,餐车炉灶盖封闭不严造成此起事故发生。

【案例 31】 2008 年××月××日,××客运段担当的××次列车停留在该段库内,15:55 库内整备工和车辆检修人员发现硬卧 3 车锅炉烟囱帽处冒烟起火,库内整备工与车辆检修人员立即用上水管向冒烟处喷洒,将火扑灭。

【原因分析】 主要原因是列车员入库前没有将锅炉火压住,造成入库后锅炉复燃,火星引燃烟囱帽软连接内烟油。次要原因是库内焚火看车人员巡视不及时,对于锅炉状态不掌握。

【案例 32】 2007 年××月××日,××客运段担当的××次动车组列车 6 号车厢旅客反映车厢内有异味,并发现由出风口冒烟。经现场勘察和调查,造成冒烟的原因为未熄灭的烟头被吸入至空气过滤器表面,将纸质滤芯引燃。

【原因分析】 列车防火宣传流于形式,旅客对烟头危害认识不足,列车工作人员对吸烟管理不到位,在列车巡视中没能及时发现和制止旅客吸烟。

【案例 33】 2009 年××月××日,××客运段担当的××次列车运行至某中间站进站前,行李车发生火灾,损失和影响巨大。原因判明为行李车押运人员违反规定在行李车内吸烟引燃行包造成。

【原因分析】 造成此起事故的原因是列车防火巡视检查走过场,对押运人员防火宣传不到位、监护不到位,对押运人员随身携带火种未及时收取,导致火灾事故的发生。

【案例 34】 2008 年××月××日,××线 K56+550 处,上下行两线中间沟内杂草起火,过火面积约 480 m^2(宽约 8 m、长约 60 m),现场发现有散落的炉灰和未完全燃烧过的焦炭。经公安消防部门调查分析认定,系××客运段担当的××次列车通过时往车外排放炉灰引燃荒草。

【原因分析】 焚火作业人员违反炉灰浸灭排放的规定,炉灰火星引燃线路内杂草起火。冬季的锅炉焚火,其他季节的茶炉、餐车用火都容易造成此类问题的发生,严格执行有关炉灰排放规定,杜绝此类问题的发生。

第四节 列车抛物安全事故案例

【案例 35】 2007 年××月××日,××客运段担××次旅客列车 14:51 在某车站通过时,由于餐车厨师打开餐车后厨侧门向外抛扔垃圾,将该站 2 号～4 号道岔处密检器三通接线端子打坏,致使道岔失去表示,信号机不能开放,造成 5 列动车、3 列旅客列车晚点,构成一般行车 D 类事故。

【原因分析】 餐车厨师违反规定,打开餐车后厨侧门向外抛扔垃圾是这起事故的直接原因。餐车长、厨师长对现场作业管理失控,该客运段餐车安全管理不到位是事故的间接原因。

【案例 36】 2009 年××月××日,××客运段担当的××次旅客列车运行途中时,列车掉下的异物将该区段工务段巡道员打成轻伤。经查,车辆乘务员在更换茶炉室热水阀时,将热水阀从排灰孔抛落至线路上。

【原因分析】 列车工作人员违反作业纪律,违章抛投废弃物品,造成打伤车外作业人员。同时暴露出车间对职工日常作业纪律的教育和考核力度不够。

【案例 37】 2009 年××月××日，××客运段担当的××次旅客列车运行途中，列车上抛下的异物将交会的××次列车机车玻璃击裂。经查，该异物为 17 车 6 号下铺旅客龙某向窗外抛掷的酒瓶。

【案例 38】 2009 年××月××日，××客运段担当的××次列车运行途中，列车上抛下的异物将交会的××次货列机车前挡风玻璃被击碎。经查，该异物为 13 车旅客张某抛下的酒瓶。

【案例 39】 2009 年××月××日，××客运段担当的××次列车运行途中，列车上抛下的酒瓶将该区段巡道的工务段职工腰部砸伤。经查，酒瓶为 15 车 80 号座席旅客王某抛下。

【原因分析】【案例 37】【案例 38】【案例 39】3 起案例为列车乘务人员对旅客禁止向窗外抛物宣传不到位，对酒瓶等硬质包装物品登记回收不及时。